１：写真の女性のようにモソの女家長は、居間の囲炉裏端でも地位が高いとされる女性側の主席にかならず腰をおろす。囲炉裏の火は決して絶やしてはならない。（写真：Aujin Rew）

２：晩秋を迎えるとモソの各農家は一、二頭の豚をつぶす。塩と香辛料で下処理された肉は木製の棒に吊して乾燥。寒い冬のあいだこうやって肉を補給している。

3：朝、モソの自宅のテラスに出て最初に目にする風景。向こうの山塊がゲムこと格姆女神山で、モソ人が昔から崇めてきた壮大な女神。（写真：Tom Jefferies）

4：女神祭りのために盛装した堂々たるモソの女性。例祭で踊る場所を決めている。彼女たちが敬愛する女神を讃える祭りは毎年夏の盛りに開かれる。

5：夏の大雨が降ってもモソの女性や男性の意気込みはくじけない。女神祭りで輪になって踊る篝火踊りを始めようと待ちかまえている。

6：盛装して臨んだ女神祭り。写真左からパーティー大好きの著者の仲間エーチュマ、著者、グミの長姉。グミは著者の義理娘、義理息子の母親だ。

7：著者の義理娘、義理息子の祖母に当たるア・マ。著者が第二の家族と慕っているグミと彼女の七人の兄弟姉妹たちにとっては女家長。自宅中庭でくつろぐ午後の様子を撮影した一年後、ア・マは息を引き取った。（写真：Lee Choo）

8：女神祭りで威風堂々と振る舞うモソのクジャクたち。

9：地元で建設中の著者の自宅。指揮をしたジュアシは著者の義理娘、義理息子の伯父に当たり、九か月でこの家の立案、設計、建設をしてくれた。

10：典型的なモソの家を模した著者の「祖母の間」は多彩な色合いでくまなく装飾されている。見所は精緻を極めた木彫りの装飾部分と色彩豊かな天井で、システナ礼拝堂の天井画のように足場のうえで仰向けになって描かれた。
（写真：Lee Choo）

11：義理娘のラーヅ（右から二人目）と本人の十代の友人たち。春節を祝うために民族衣装を着てめかし込んでいる。場所は母親グミが住むバジュの集落。

12：著者がルグ湖ではじめて出会ったモソの女家長。一本残らず松材で建造された築三百年のモソの伝統家屋を見に訪れたときに出会った。

13：モソ人が敬愛するゲムを祭る質素で素朴な女神廟。守護神を祝うために例年ここで女神祭りが開催されている。

14：例祭の女神祭りに集まった三人のモソの女性。（写真：Tjio Kayloe）

15：最愛の故人を火葬する薪の前で葬送の経文を唱えるチベット仏教のラマ僧。火葬の場所は山腹に急ごしらえされた。（写真：Lee Choo）

16：「走婚王子」「ドン・ファン中のドン・ファン」としてつとに知られるジュアシ。著者の義理娘、義理息子の伯父にして、モソの著者宅の建設業者。

＊クレジット表記なしの写真はいずれも著者の撮影による。

THE KINGDOM OF WOMEN

Life, Love and Death in China's Hidden Mountains

Choo WaiHong

女たちの王国

「結婚のない母系社会」中国秘境のモソ人と暮らす

曹惠虹　秋山勝＝訳

草思社

写真：カバー上・表紙：Patrick AVENTURIER/Gamma-Rapho/GettyImages
カバー下：VW Pics/Universal Images Group/GettyImages

はじめに

はじめて女たちの王国に足を踏み入れたとき、私は本を書こうなどという思いはこれっぽっちも持ち合わせてはいなかった。そのころ私は中国人として自分のルーツを探す旅の途上にあり、五千年に及ぶ歴史的財産と文化的財産に恵まれたわがご先祖様の広大な大地を見てまわっていた。中国西部の雲南省と四川省の境にあるモソ（摩梭）人の故郷である風光明媚なルグ（瀘沽）湖は、中国巡遊旅行の単なる目的地のひとつにすぎなかったのである。

中国辺境のこの地に隠されていたのは、世界で最後の母系社会を営むといわれている部族のコミュニティーだった。中国ではとうの昔に消え果てた時間と場所にモソ人は冷凍保存されていたようである。さらに家母長制であるという点が私の琴線に触れた（一家の子孫や親族が純然たる女性の血統に連なり、女性が家長として認められている社会という意味で「家母長制」という言葉を使っている）。

そのときには気づかなかったものの、事態はやがて動き出し、私は駆り立てられるようにして、何度も何度もこの土地と、ここで暮らす人びとのもとに舞い戻るようになっていたのだ。自分でも予期していない、ほとんど想像もしていなかった冒険の旅が動き出していたのだ。物見高い観光客としてモソ人をめぐる旅は始まったが、それから何年もかけていつの間にか私自身がモソのコミュニティーの一員になっていた。

これまでの生涯、私はフェミニストとして通してきた。父親は家父長制が極端に幅をきかせるシンガポールの中国人コミュニティーの典型のような人物で、そんな父親のもとで私は育てられた。そして、揺籃期にあった私のきかん気は、企業弁護士という猛烈な男性支配が横行する世界で時とともに研ぎすまされていく。

女たちの王国で友情を結んだモソの人たちが私に贈ってくれたのは、私の心を魅了してやまない世界をめぐる人生の物語や逸話、そして神話と伝説という宝物で、それらは自分が知っていたどんな話とも似ても似つかないものだった。

モソの文化では女性をめぐるあらゆる面、あらゆる段階がことごとく寿《ことほ》がれ、文化の中心に女性の精神がしっかりと据えられている。かつて女たちが自由を謳歌していたユートピアが存在したとするなら、それはいわゆる女たちの王国であるのはまちがいないだろう。

私がモソ人から得た教えとは、家父長制の維持に明け暮れている世界に向けた教訓で、家父長制は人類の半分の人間を当たり前のように踏みにじってきた。それだけにモソ社会でうまくいっている母系制と家母長制の原理は、私たちすべての人間がさらに賢明で、さらに平等なすばらしき新世界を思い描くうえでまたとないきっかけを授けてくれそうだ。

モソ人の地は私の心の故郷であり、モソ人と私の生活を描いたこの物語は、自分がどうしても書きたくて筆をとったものである。現代という時代への移ろいとともに、このユニークで無防備な世界が歴史の遺物にならないことを心から願っている。

女たちの王国◉目次

KINGDOM OF WOMEN

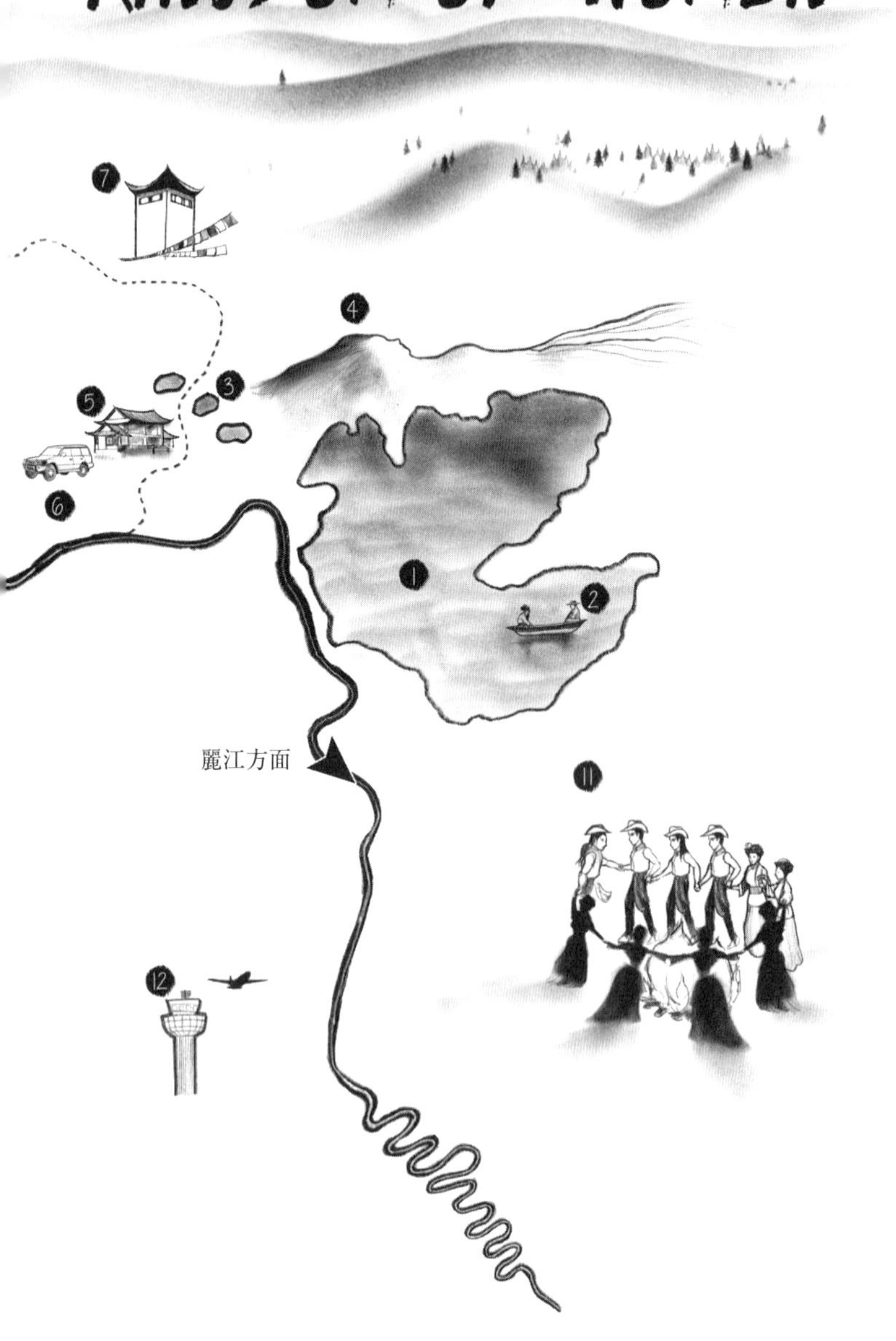

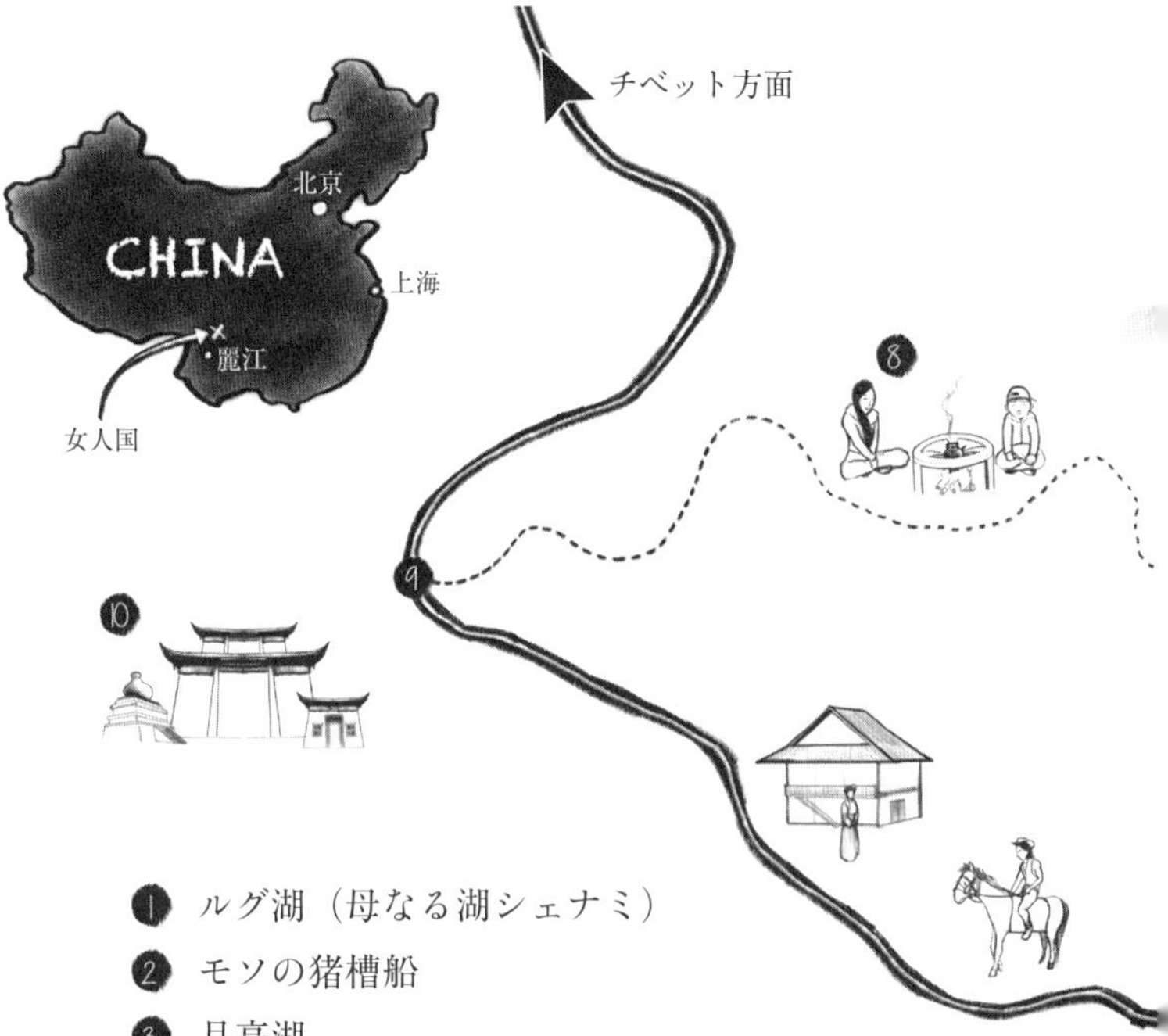

1. ルグ湖（母なる湖シェナミ）
2. モソの猪槽船
3. 月亮湖
4. 格姆（ゲム）女神山
5. 月亮湖湖畔の著者の家
6. 著者の４ＷＤ車
7. 女神廟
8. 自宅の囲炉裏端に座る義理娘と義理息子
9. 永寧の町
10. 扎美寺
11. 篝火踊り
12. ルグ湖飛行場

凡例
主要連絡道路
未舗装の泥道
麗江に続くつづら折りの道路
方面

※地図は概略

非凡なる民事訴訟弁護士にして私の最愛の友人イボンヌ・ジェフリーズに。
彼女の熱心な勧めがなければ、この本を書こうとは決して思わなかった。

そして私の魂の伴侶で、非凡なるジャーナリストにして作家の故マーガレット・アレンに。
彼女の激励と批評眼がなければ、この本が日の目を見ることは決してなかった。

プレリュード　辞表を出す

ものみな静まり返った日曜日の午前、オフィスには私のほか誰もいなかった。私はコーヒーを手に、風通しの悪い部屋でいらいらしながらデスクに向かっていた。先週までに返事がなかったメールの督促を終えると、延び延びになっていた五つの案件に関する法律上の見解を書き始めた。

最後のメールを送信しおえ、ひと息つこうと窓越しにのどかに流れるシンガポール川の景色を見ていたときだ。静まり返ったオフィスに電話がひときわ大きく鳴り響いた。

「ワァイホン、いたのか」。受話器の向こうから聞こえる潑剌としたアメリカ人は驚きの声をあげていた。誰かはすぐにわかった。お気に入りのクライアント、ブラッドだ。どんなに危なっかしい状況でも決して取り乱したりはしない人物である。日曜日に電話をしてくるところを見ると向こうも仕事に追われているのだろう。十五時間の時差があるので、相手がいるカリフォルニアは土曜日の夕方のはずだ。

「電話を待っていました。どうしましたか」。私はつとめて明るく聞こえる声で応じた。

「いささか緊急を要する件が持ち上がってね」と、世界最大の債券ファンド会社でアジア部門を統括する法律顧問は口にした。

これで日曜日の巻き返しもふい――相手が伝える最新の指示を書きとめようとペンを取り上げつつ、私はひそかにそんなことを考えていた。対処中の規制問題の件について話を交わし、今日の仕事を終えるまでには折り返し電話を入れると約束した。それから午後いっぱいをかけ、問題の解決に取り組んだ。結局、やり残しの仕事が仕上げられることはなかった。

息つくひまもなく月曜日となり、お決まりの十五時間に及ぶ激務の週日が始まる。会議につぐ会議、際限なく続くクライアントからの電話、五名の弁護士からなる私のチームは課された新案件で手がいっぱいだ。数十年に及ぶ弁護士としてのキャリアのうち、今日もまたこれまでと同じ一日になるのだろう。さまざまな時間帯を重い足取りでたどっていく。午前中はここシンガポールと標準時がシンクロするアジアの時間帯のクライアントに捧げられている。慌ただしい昼休みを済ませた午後は、向こうの仕事が始まるルクセンブルクやロンドンのクライアントのための時間。ファストフードの夕食後から夜遅くまではニューヨークからロサンゼルスと、北アメリカの時間帯で暮らすクライアントのために費やすことになる。家に帰りつくのは決まって午前零時ごろである。翌日もまったく同じようにして毎日が続いていく。その次の日も、である。

職業人としての私の生活では、はてしない長時間労働だけが悩みの種だったわけではない。専門とする法律分野の指導的立場にある身としては（これはファンドマネジメント業界のほかの方々の言葉を借りればで、自称ではありません）、つねにトップであろうとみずからにプレッシャーをかけ続けてきた。会議への出席とスピーチ、当局への陳情、顔を出さなくてはならないカクテルパーティーも数え切れないほどあった。

率いていたチームは事務所の売上のかなりの金額を稼ぎ出していたが、売上比率を年間三〇パーセントまで伸ばせと絶えずハッパをかけられていた。しかし、一日の時間にも限度というものがある。

シンガポール最大だった法律事務所はその後世界最大の法律事務所に変わった。そうした法律事務所の共同経営者《パートナー》としては、どんな大企業のお偉方にとってもまったくの謎でしかない業界内の政治活動にもまず通じておかなくてはならない。活動は男性社会《ボーイズクラブ》の一員として加わり、男だけのクラブのルールに従って振る舞うことにつきた。問題は女性であるがゆえに、クラブには私の居場所がとことんなかったという点だ。いずれにしても、このクラブは男性なら本能的に了解できるルールで成り立っているのだと覚るまでに大して時間はかからなかった。

相手が何を言っているのか了解した場合に限って私は自分の意見を口にしていた。指針としていたのは、職場における公平さとか差別の撤廃、あるいは基本的な権利という理念だったが、振り返ってみればなんともおぼつかない拠りどころだった。トップへと至るはしごを昇るうえで何が必要か、私にはてんでわかっていなかったのだ。

共同経営者会議で私が口にしてきた〝失言〟は数え切れない。女性の共同経営者に対する産休短縮という議案に異を唱えたこともある。私の主張が通った。例年の採用活動の期間中、女性の求職者に対しては、彼女たちの容姿ではなく、男性と同様の評価に基づいた選択をすべきだと、男性の共同経営者に向かって一人もの申して逆らったこともある。

とは言っても、銀行残高のほうは申し分なかった。現代風に洗練されつくされた私の持ち家は、あの有名なライフスタイルマガジン「プレステージ」でもとりあげられた。「社交」欄で紹介されたことも一度や二度のことではない。余裕があるときには、ポルシェのコンバーチブルに乗って週末のドライブへと颯爽と出かけ、ジェット機で世界中のお洒落な町を旅した。ミシュランの三つ星レストランを堪能したことも数知れず、必要以上に訪れた場合も少なくなかっただろう。

だが、そんなことに一体どれほどの意味があったというのだ――運命となったあの日曜日の午後、仕事に向かっている私のなかでそんな疑問がふいに頭をもたげていた。こんな生き方にはたして意味はあるのだろうか。いずれは肩の荷もおりるのか。求められることが多い仕事に長く携わりすぎたのではないのか。

この仕事は私のような独り身の女性がたやすく維持していける職業ではないだろう。クラブの男性メンバーとは異なり、生活にともなう事細かな家庭の用件を任せられる配偶者の支えが私にはなかった。私に代わって家を守り、冷蔵庫の中身を買い足してくれるなど誰もしてはくれない。小事も大事もすべて自分ひとりの手でこなしてきたのは、食うか食われるかのいまどきの金融界で、超一級の企業弁護士であり続けるためだった。

弁護士であることが私の生きるすべて、ほかには何もなかった。家庭生活もない。かけがえのない相手もいない。子供もいなければ、微笑みながら私を見返してくれる人など本当に誰一人としていなかったのだ。

いまのような生活を続けていても何ひとつ変わりそうもない。かといって、どれほど目を凝らしても、トンネルの向こう側に明かりが見えないこともよくわかっていた。運命の日曜日の夕方、前触れもなく訪れた啓示的な一瞬、シンガポール川の向こうに沈みゆく太陽をまじまじと見ていたそのとき、私はふいにそう悟った。私の人生はこれからもよくなるはずはないと確かにそう思っていたのだ。

耳の奥に向かって、小さな声がひそやかにささやいていた。前に進み出すときが訪れたのだ。で、どこに――かいもく見当もつかない。ただ、ハムスターのケージのなかで回し車をひたすらまわし続けること以外なら、どんなことでもよかった。

経験することもまれな不意の啓示にそそのかされて私は辞表を書いていた。「一身上の都合により退職」という、いかにも素っ気ない文面である。だが、書くのは簡単だが、辞表を提出することはまた別の問題だ。どうしようかと及び腰になった。どんな顔をしてこの辞表を共同経営者に差し出せばいいのだろう。心の奥底で覚えている自分の本当の思いをきちんと説明できるのだろうか。

結局、選んだのは安易な方法だった。マウスをクリックして直上の上司にメールで送ると、すぐさまオフィスの明かりを切った。もうあとには引き返せない。

上司は優しい人物で、ほとんど時間を置かずに電話を寄こした。しばらく言葉を交わし、話の様子から私の決意のほどを確認するとすばらしい助言をしてくれた。的を射たアドバイスであることがあとになってよくわかる。

「辞表は書き直したほうがいい。〝一身上〟という理由にはどうしても角が立つ。書くなら〝家庭の都合〟だろう。このほうが丸く収まる」

私には何もわかっていなかったのだ。あのころの私は、奇々怪々で排他的なクラブの人間だけが了解できる微妙なニュアンスなどてんで理解しておらず、ここでも大失態を犯していた。しかし、あとは野となれで済むことだ。いずれにせよ私とはもうまったくかかわりはなくなった。

自宅に帰ったその夜、ポル・ロジェの一九八五年もののシャンパン「チャーチル」を開けたといえば嘘になってしまう。しかし、家の玄関に足を踏み入れたその瞬間、体が急に軽くなり、まるで前世で背負い続けてきた重荷という重荷を残らずおろしたような感じがした。私を縛るものは何もない。明日は一日中寝てもいいし、あたふたと家の玄関から出ていく必要もない。朝食の代わりにブランチにしてもいい。これからは毎日やりたい放題だ。翌日のスケジュールを分刻みで計画する必要はないし、その次の日も同じだ。人生の新しいページが始まる。これからの人生を自分の思いのまま、気の向くまま過ごすことができるのだ。

これまでの私の人生はすでに済んだこと。これまでの人生はもう終わりだ。私は大冒険に向かって旅立とうとしていた。

第1章　女人国にいたる道

ヒマラヤ東麓の母なる湖

ごくごくまれなことながら、どうしても語らずにいられない土地にめぐりあう幸運な旅人がいる。あまりにも物珍しく、あまりにも謎めいており、人に語りたいという要求に応えずにいることが許しがたいとさえ思えてくるような土地だ。仕事をやめて数か月がたったころだった。私にとって中国がどんな意味を持つのかどうしても知りたくなり、そんな気持ちのおもむくまま祖先が暮らしていた広大な国へと旅して、世界的に名前の知られた都市はもちろん、辺境の地まで足を運んで過ごしていた。そんなとき、旅行雑誌でとある記事をたまたま見つけた。雲南省のはるか片隅に暮らす部族の話で、ここではゲム（格姆）と呼ばれる山の女神が崇拝されている。

場所は大ヒマラヤ山脈のはるか東麓の湖の周辺で、この部族は世界でも類を見ない現存する母系社会のひとつだという。二十一世紀の現在に母系社会があることがすでに驚きだが、男性支配が浸透した中国にこうした社会が存在していたことが私には信じられなかった。中国は家父長制度が深く根づいた国で、男性中心のメンタリティーは、もっぱら妊娠中絶によって男女比のいびつな不均衡をもたらし、現在、女児の出生一〇〇に対して男児は一二〇に近い。この国は私の祖父が貧困から逃げ出してきた国であり、祖父はマレーシアで新しい人生をスタートさせた。かの地で祖父伝来の家父長制が根をおろし、その根から私の父に見られる断固たる男性優先主義が生まれ、その次に私に見られる、男の世界で女性の公平と対等な処遇を断固として擁護する考えが生まれた。

女神を祭る宗教儀式をモソ人というこの部族が行っているという話を読み、私のフェミニスト魂がいささか高鳴ったと言っても、それでは十分に言い尽くしたことにはならない。この部族に授けられた「女人国」という中国語の名称にもかかわらず、その名前から思い浮かべるのは現代のアマゾネスが住まう想像を絶する世界だ。

興味を覚えた私は、モソ人の物語がどんなものなのかさっそく調べた。使える中国語の能力はいたって心もとないが、人類学者、歴史家、ジャーナリスト、社会学者の手になる書籍や記事を幅広く渉猟して、女たちの王国の物語をめぐる導入部分はだいたい把握できた。

いまから二千〜三千年前の昔――もっと昔という説もあるがその点は読む本しだい――そもそもナ（納）族として知られたモソ人は、さらに暮らしやすい土地を求め、北西地方の高山から現在の土地に移動してきた。厳しい山岳地域を数知れず乗り越えたのち、標高が低い位置に広がる大高原を横断するなどして、かつての故郷の土地に比べるとはるかに生活に適した土地にいたった。その移動は何年もの年月に及んだはずだ。

彼らがそこで目にしたのは高々とした花崗岩の山の山陰に広がる美しい湖だった。湖畔近くは季候も穏やかで、泉の水も澄み切っている。土地は地味《ちみ》にまさり、松の森には野生の動植物が豊かに息づいていた。永寧《えいねい》高原にある湖のほとり、あたりに点在する丘や谷間に彼らが住みつくようになるのはこの発見からである。湖は自分たちのものだと称して、生命を授けるその水にもっとも偉大なる女性の力を彷彿させる名称を与えた。それが「母なる湖」すなわちモソ語で「シェナミ（謝納咪）」である。のちになって「ルグ湖」と名前を改めたのは、湖の形がヒョウタンを干して作った水筒「ルグ」に似ているからである。しかし、それ以上に見逃せないのは、彼らが山を自分たちのものであると唱えていた点だろう。山を女性と考え、美しい女神にして新たな擁護者「ゲム」の化身だと見なした。

ナ族の人びとは森の恵みを集め、大小の動物を捕らえ、慎ましい農地に素朴な穀物を植えるというかつての生活様式を携えてきていた。また、過去から伝わる貴重なあるものをこの地にもたらした。その過去とははるか昔にさかのぼり、歴史家によっては人類史の夜明けと同じほど古いと唱える者がいる過去だ。この貴重な遺物は、世界がまだ自然のさまざまな顔を示す神々で満ちあふれていた時代、そして主だった神々のほとんどが女性の顔をまとっていた時代にまでさかのぼる。現代の研究者は単に地母神というレッテルを貼るだけにすぎないかもしれないが、大昔にあっては人間社会の精神的な基盤をなしていた。

「ゲム」の山の女神に代表されるように、社会を成立させる基本要素として女性を仰ぐ精神は、ナ族が湖に捧げたなかでもとくに輝かしいものだった。新しい生活を築き始めるようになると、彼らは先祖によって取り入れられ、踏み固められてきた道に連れ添うようにふたたび社会を整えていく。その道とは母方の血筋に準じて家族を築き、家族一人ひとりを結びつけていく道だ。山腹から切り出した松の幹で大きな家を建てると、母方の血を引く家族をそこに住まわせ、そもそもの母系の糸がとぎれないように心を砕いてきた。

モソ人がどのようにして現在のような様式を整えるようになったのかという謎については、はっきりと解明されたわけではない。しかし、人類はいずれも母系社会に端を発したと主張する学派の説を借用するなら、モソ人の歴史は人類の歴史が始まった何万年もの昔にまでさかのぼると言ってみたくなる。

モソ人たちが純然たる母系社会を営んできたことは疑う余地がないだろう。私たちの先祖が初期の多神教社会で行っていたように、彼らもまた自然の力を崇拝していたのは明らかだ。崇《あが》めている数多くの神々のなかでも、「ゲム」という山の女神をとりわけ崇拝している点は、旧石器時代の人間が最高位の女神、あるいはそれよりも神格に劣る女神を崇めていた人類最古の伝統にまでさかのぼる。

考古学者は古代の女神崇拝の例を世界中でたくさん見つけてきた。そのなかには原初の最高位の女神である地母神の存在があり、ギリシアの女神ヘラ、エジプトの女神イシス、南インドの女神パールヴァティー、ロシアの地母神ベレギーニャなどがいる。女媧《じょか》は中国の最高位の女神だ。こうした女性中心の伝統をたどれば、モソ人は黎明期の人間社会に切れ目なくつながっていると断言することもできなくはないだろう。あるいは、母系社会を起源とするごく限られた生き残りの部族と言えるのかもしれない。

むしろ本当に謎めいているのは、こののち彼らを取り囲む父系社会の影響に呑み込まれることなく、どのようにしてモソ人が母系社会という古くからの伝統を守り抜いてきたのかという点なのだ。

今日にいたるまで忠実に母系社会をとどめるルグ湖西岸のモソ人たち、かたや湖の東岸に暮らすモソ人の同胞はのちに父系社会に変わっていった。両者を比べてみよう。十三世紀、モンゴル帝国のクビライ・カーンによって雲南が併合されると、東岸のモソ人は当地にとどまったモンゴル兵との混血を通じ、母系のかわりに父系的な社会を取り入れることを選んだ。モンゴル人は東岸のモソ人社会に男性中心の生活様式を持ち込んだ。東岸のモソ人はみずからをモンゴル人の末裔と考え、近年、自分たちはモソ人ではなく〝モンゴル系〟の少数民族として改めて分類しなおすように国に申請すると、首尾よくこれを認めさせている。東岸の同胞が家父長制に宗旨を変えたにもかかわらず、西岸のモソ人は男性中心主義の影響を受けていない。

母系社会の伝統を固持するうえで、モソ人の習慣に影響を与えるのは間近に住むモソの同胞に限られるというわけではない。大方の予想に反するようだが、周辺地域に住んでいる山岳部族との接触に対してもモソ人はみずからの伝統を保ち続けてきた。こうした山岳部族は男神を敬い、家父長制の伝統を重んじている。

さらに言うなら、モソ人は中国文化のプレッシャーからもこれまでずっともちこたえてきた。およそ五千年前に根をおろし、中国全土に広がった男性支配の文化のことである。とりわけ漢民族のあいだで根強く、この文化をあまねく浸透させ、現代の中国でも幅をきかせ続けている。私もシンガポールの巨大な華僑社会によってもちこまれた同じような文化的環境のもとで生まれ育った。だから、男性が家庭内と家庭外の双方を仕切り、女性は家にあっては夫と息子に従うという世界の生き方には通じているつもりだ。二十一世紀を迎え、中国でも女性の社会進出が多方面で進み、彼女たちをめぐる状況は改善されたかもしれない。それにもかかわらず中国社会では、依然として家父長制度がくまなくいきわたっている。

私にすれば、神様のように敬われている父親がひしめいている世界で女神を崇め、しかも家父長制度が支配する世界で家母長制社会の生活スタイルを送る人たちの物語は、興味をそそられるばかりか、なんともユニークすぎて話は眉唾ではないかとも思ったぐらいだ。現物の女神をもっと詳しく検分しなくてはならないと思った。女神は見て触れられることを待っている。家父長制の中国で、モソ人が特異なフェミニズムの一例としてどのように存在しているのか、自分の目でどうしても確かめてみたかった。

聖なる山の女神祭り

予定していたほかの旅行計画を残らずとりやめると、私は中国最南西部の雲南省辺境にあるルグ湖へと向かった。運よく例年夏に行われる「ゲム」を祝う山の女神の祭りの時期に合わせて訪れることができた。地元では「転山節」と呼ばれる祭りで、中国語で「山を巡回して歩く」という意味だ。モソ人にはいちばん大切なお祭りである。

山の女神「ゲム」は花崗岩でできた大きな山で標高は三千六百メートル、山岳部の深奥にたたずむルグ湖のほとりに裾野を広げている。オーストリア生まれの植物学者にして冒険家の作家ジョセフ・ロックのように私も九十年前にここを訪れたとしよう。もよりの町はいにしえの茶交易の拠点である麗江市。約二百キロに及ぶ荒々しい山地を横断する古道を、馬の背に揺られながらたどっていくと七日目に到着する。もっとも私の場合、麗江市からは乗り心地快適なバスで出発、新設されたカーブの多い舗装路を颯爽と飛ばしていった。

上に下にと這うように進む山中のコースは厄介だが、バスからの景色は本当にすばらしい。松の森が点在する辺境の風景に、頂に雪をかぶる峰々と揚子江上流の金沙江《きんさこう》に洗い出された小さな谷が織りなす壮観な眺望が重なる。道路は幅員が限られた対面通行の一車線、急峻な山腹の高い位置を走っていくからなんとも心許ない。しばしばバスが停まるのは、交通渋滞のためではなく、車の往来などおかまいなしに緑草を探して道の向こうにわたる牛や山岳地帯にすむ山羊の群れのおかげだ。

七時間に及ぶ疲労困憊の旅の終点、これが最後という坂をのぼりつつ、バスが道なりに方向を変えたときである。絵葉書のような荘厳な青い湖がふいに姿を現した。何度この道をたどっても、最初に目にするルグ湖の光景に私はいつも息を飲んでしまう。湖は山々が同心円状に広がる中心で静まり返っている。蛇にも似た優美な湖岸線は何百もの小さな地峡で刻まれ、幾重にも連なる松の木が清冽な水をたたえる汀《みぎわ》すれすれまで湖岸を覆いつくしている。

到着したその日、雲ひとつない澄みわたった青空のもと、湖は混じり気のない明るい青色を映していた。これほど深い青色は私も見たことがない。雨雲が垂れ込めた生憎の空模様の日、湖は陰気な青灰色を帯びてしまうが、ぴりっと身が引き締まる冬の日、さんさんと輝く太陽のもとでは、湖そのものがまばゆい光を放つエメラルドグリーンの水の塊に姿を変える。

湖から地平線に目をやると、はるか対岸は壮観な花崗岩の山塊が湖岸全体に高々と連なっている。山の姿が独特な点がおもしろい。まじまじと目を凝らしていると、大山塊は人間のような姿をとり始め、尾根が描く輪郭はあおむけの女性を横から見た姿そっくりに見えてくる。額に相当する頂から長い髪がなだらかに裾を広げている。額の輪郭は盛りあがってくっきりとした鼻となり、そのまま優雅な顎へと続いている。顎の描線は美しいのど元から豊かな胸へと盛りあがっていき、腹部を思わせる部分へとすべり落ちていく。横たわるその身以外は優美な曳《ひ》き裾《すそ》を長々と引いている風情だ。山塊全体のたたずまいは、身を横たえて休んでいる女性の姿に不思議なほどよく似ていた。

「ほらあの山、あれがゲムの女神だよ」。心を奪われていた私に、車の運転手が割って入ってきた。

こうして女神山との対面がついにかなったのだ。翌日の女神祭りでは、他に例を見ない創世の女神に対し、格別な信仰がモソの人たちによって捧げられる。

祭りの当日、朝早く起きてみると外は濡れている。夏の雨が一晩中猛烈に降っていたのだ。私は水たまりを歩いてわたり、ドライバーが待つ車に向かった。祭りの会場へと私たちはぬかるんだ道を勢いよく進んでいったが、この道はそもそも車道ではなく馬の往来のために山腹に開かれた道だ。水をはねあげ、深い穴にがたがた揺られながら進んでいくと、大きな穴に車はそのまま真正面から乗り入れてしまった。ドライバーはアクセルを踏み込んでなんとか抜け出ようとするが、四方八方にドロをまき散らすばかりで、車はますます深みにはまっていく。それでも事なきを得たのは、通りがかりの二人連れが親切にも寄ってきて手を貸してくれたからである。タイヤのしたに大きな石と板を入れ、二人して車を押して道に戻してくれた。

しばらくすると大勢の人たちが先を争うように山の中腹を進んでいく姿が見えてくる。馬やオートバイに乗った人も少なくない。祭りの始まりに立ち会える時間になんとか間に合わせることができたようである。

活気づいた光景が目の前で繰り広げられている。民族衣装を着込んだ土地の人たちがテントを慌ただしく組んだり、たき火を熾《おこ》したりしている。湯気をあげる米と煮え立つ汁の番をする人、古くからの友人や親戚を見つけておしゃべりに興じている人がいる。子供たちはキャッキャと声を張り上げながら追いかけまわっている。会場いちばんの場所には大きなテントが立てられ、チベット仏教の信仰の守り人であるラマ僧の一団が集まっている。祭りの始まりを寿《ことほ》ごうと二人の僧がチベットホルンを吹いていた。

参拝者の流れは、山の北側の高台へと続く勾配をゆっくりとたどっていた。ここには質素で小ぶりな白亜の女神廟が建っている。彼らのあとについて女神廟へと向かい、大勢の男性や女性が女神に敬意を払う姿を見て、いかにこの神様が崇められているのかを自分の目で確かめた。

「どうやってお祈りすればいいの」と、人なつっこそうな顔をした女性に尋ねた。

「最初に線香と松の枝に火を灯して」と言うと、線香と松の枝を手渡してくれる。「それから廟の前に置いて。こうやって女神様の関心をお呼びするの」

言われた通りにした。そして、彼女のうしろにきてもう少し歩を進め、廟の前に立つよう促された。

「同じようにしてね」

彼女は世界共通の祈りの仕草である手の平と平を合わせ、額、口、胸の順で拝み、それから地面に両膝をついた。なかばひれ伏した姿勢のまま開いた両手を並べて地面に置くと、地に額をつけて祈る。ふたたび立ち上がると同じ所作を二回繰り返す。三度目の平伏を終えると立ち上がり、顔の前で両手を合わせ、目を閉じたまま無言の祈りを唱えた。

私が同じように繰り返すのを待っていた彼女は、それから自分のあとについてくるように言うと、巡礼として女神廟の周囲を三回まわり始めた。この巡礼は時計方向に行われ、その間、彼女は口のなかで静かに祈りを唱え続けていた。

最後にチベット式の祈禱旗の紐をほどくと、両の端を霊廟のかたわらに立てられた木の枝に結びつけた。こうすると風に乗って祈りが女神のもとに早く届いていく。

「一家の幸せと次の年も豊作に恵まれて、家族が無事健康でいられるようにね」。あとで何を祈ったのかと尋ねると、彼女はそう教えてくれた。

礼を言って別れると、私は参拝客のあとをついて山道をくだり、楽しげに騒いでいる人たちを見てまわった。草が生えた一画には演《だ》し物《もの》の始まりを待つ人たちがすでに集まっている。一人の男性が胸を張って舞台中央に歩み出てくると横笛を口に当てた。情感あふれる旋律が朗々と響きわたる。あとになってこの笛が円舞の始まりの合図だと知った。ものおじしない何人かがわれさきにと前に出てくる。手をつなぎ、笛のリズムと歩みに合わせて動き始めると、笛吹きはにわか作りの踊り場へと一行を導いていく。

地元の人たちがさらに加わり、踊りの列に急いで自分の場所を見つけていく。列の前方が男性、次に女性、子供の順でつながっている。誰もかれもめかし込んでいる。女性は頭飾りを鮮やかにあしらい、これが多彩な色調の上衣によく合って華やいでいる。白くて長いスカートの裾が小気味いい音を立てている。男性は黄色の上衣にカウボーイハットという粋ないでたちだ。四拍子のメロディーを吹き続ける笛吹きのうしろでは、参加者それぞれが手をつないで円舞の形を整えていった。拍子に合わせ、男性はブーツを履いた足を踏みならし、女性は優雅に踊り、子供たちも後れをとるまいと必死だ。

ときおり一同はなじみの曲を大きな声で唱和した。

踊りが続くなか、観客のほうは昼の食事や酒を楽しもうとそれぞれのテントに戻っていく。どこで昼食を食べようかと私も探していると、運よく大家族が集まっているテントに出くわした。テントを仕切っていたのは年長の婦人で、大勢の子供や孫たちに囲まれている。私は笑みを浮かべて、年長の婦人に煙草を一箱差し出した。自分の隣に腰をおろすようにと手招きする。あたりを見まわし、人見知りとは縁のなさそうな孫娘に目星をつけるともっぱらこの娘と話を始めた。人なつっこそうな笑顔をした十代の少女で、チャー＝ア・ラーヅと呼ばれていた。

「このお祭り、いったいどういうお祭りなの」とラーヅ（拉都）に聞いてみた。

「今日は転山節、ゲムの山の女神様をお祭りするこの日を祝うためにここに集まったんです。この日がくるのを一年中待っていました」と答えてくれた。

私は一家の食事のご相伴《しょうばん》にあずかりたくてここに腰をおろしていたが、この話にラーヅの祖母が割って入ってきた。

「ゲムは私たちの守り神なんだよ。女神の仕事は湖の近くに住むモソの人間を残らず見守ること。陰暦の七番目の月二十五日のゲムの祭りの日には、こうやって感謝を捧げるのさ」

祖母が次に口にしてくれた「いっしょに食事でもどうかね」のひと言は、私の耳に心地よく響いた。テントの外で湯気を立てている深鍋を指さしているので、昼食はスープでじっくり煮た丸ごとの子豚だ。野外の食事らしく、私たちは指でつまみながら美味な肉を口に運んだ。温かいお茶、ビール、クワンタン（咣当）という自家で醸《かも》した酒があり、飲み物は何がいいかと聞かれた。私はラーヅの一家と同席して、飲み物をちびちび飲みながら、人間観察でその日の午後を過ごした。

祝祭は祭りを祝う当のコミュニティーがどのような魂を抱いているのか、それを知る機会をいつも授けてくれる。私にすれば、モソ人が山の女神をいまも祭り続けることは二つのことを物語っていた。山の神を祭るとは自然崇拝そのもので、いにしえの多神教の伝統にまでさかのぼる。初期の人類はどのような形であれ自然物を崇め、たとえば天空や太陽、月、川、奇岩、動物などを崇拝し、とりわけ山を神格化していた。モソ人もその点ではまったく変わらず、ゲムの山の神を祝って敬い続け、古くからの信仰を捨てるどころか、彼らの文化や宗教の起源との結びつきを非常に重んじていることを物語っていた。

男神ではなく女神のゲムを祭ることを選んだ点に、モソ人が彼らの世界で女性の地位をどのように認めているのかがうかがえる。男神ではなく女神を選び、さらにこの特異な部族が母系家族という伝統を受け継いできたのは偶然ではない。もっとも崇高な神としてゲムを選んだのは、このコミュニティーが心のよりどころの基本原理として女性性を守り通してきたことを物語っている。それは、母系の血統を通じて先祖へとさかのぼっていくこの部族の基本的な価値観にふさわしいものなのだ。

モソの一徹な女性第一主義者たちは、女性も男性も聖なる山に建つゲムの霊廟を毎年訪れては、女性が自分たちの世界でどのような地位に置かれているのかを思い返している。モソの人たちは信心深く、聖なる庇護神に敬意を払っている限りは、次の年もつつがなく過ごせると考えている。自分たちの生活のよしあしは女神の思し召ししだいだと信じている。つまり、女神の役割とは、自分の膝元で暮らすモソ人を寿いで保護することに尽きてくる。

十三歳の成人式

格姆《ゲム》女神山を崇拝する古くからの儀式以外にも、モソの人たちは昔から続くたくさんの文化的慣習を大切に守り通してきた。こうした慣習が彼らの存在を他に例がない独特のものにしている。私のお気に入りは、モソの人たちの生と犬の生《ライフ》をめぐる物語で、文字通り人間と犬の命をめぐる話である。「犬の生活《ライフ》」という言いまわしは「惨めな暮らし」という意味で使われがちだが、そういう意味ではない。ここでは犬に向けられた深い感謝の意味で使われ、人間のためを思い、自分の長い寿命を交換するという、究極の犠牲を差し出してくれた生きものの話なのだ。犬をめぐる心温まる物語と、モソ人の世界において犬がどのように位置づけられているかは、モソの子供という子供に繰り返し語られてきた。この話をモソの友人に尋ねたとき、彼女がどんな風に話してくれたのか説明しよう。

「昔々はるか昔の大昔、世界を創った大いなる神は、生きとし生けるものにそれぞれ異なる寿命を与えようと決められた。ルールは、神が声をあげた寿命の年数に答えた生きものがその寿命を授けられるというものだ。

『千年』と大いなる神が呼んだ。空を飛んでいた早起きの雁が千年の寿命に答えてやかましく鳴き声をあげる。

次に神は『百年』と呼んだ。雁のうしろを飛んでいた鴨が二番目に長い寿命に答えようと空から舞い降りた。

そうやって次々に数が呼び上げられ、最後に近づくほど寿命の年数も短くなっていく。『六十年』。呼び声はもう最後のほうだった。すでに目覚めて尻尾を振っていた犬がこの寿命をもらった。

『十三年』という最後の呼び声が聞こえたのは昼近くのことである。寝坊して遅れたモソ人はこの呼び声に手をあげるしかなかった。人間を代表して、彼女は貧乏くじを引いてしまったのだ。

だが、いまも変わらず欲深いのは人間の本性、このモソ人も人間がこれほど短い寿命しか授けられないことに納得できないと、さっそく不平を申し立てる。『もっと寿命をお与えください』と彼女は大いなる神に哀願した。

『おのれのその寿命、ほかの生きものに頼んで換えてもらえ』と神は答えた。

そこで女は、雁にはじまって生きものという生きものを順に訪ねて頼み込んだ。しかし、誰も話には応じてくれない。最後に頼み込んだのが親身になって話を聞いてくれる犬だった。

『どうだい。お前の六十年を私の十三年と換えてはくれないかい』。女は人間を代表して犬に懇願した。首をかしげ、犬はつかの間考え込むと、あの気前のよさが顔をのぞかせていた。

『いいですとも。幸せな一生が送れるのなら十三年でも十分です。日に三度のご飯と、それから決してぶたないでくださいね。それでしたらあなたと寿命を交換しましょう』

これで話はまとまった。この日から人間は六十年に及ぶ豊かな人生を生きながらえ、一方、寿命は短くなってしまったものの、犬は犬でなに不自由することもない十三年の生涯を送るようになった」

モソの人たちはこの約束を重んじ、忠義な犬を軽んじるような真似などいっさいせず、犬を恩人として遇する約束を今日にいたるまで守り続けて暮らしてきた。飼い犬には並はずれて優しい。ペットとして過剰にかわいがるわけではないが、ほかの家畜とはまったく異なる格別な接し方であるのは確かだ。どの子供も犬には優しく親切にするようしつけられ、私自身、犬をいじめたり、捨てたりしたという人の話は聞いた試しがない。家族が食事をとるときには、飼い犬の食事も用意されているのかどうかいつも気に留めている。中華料理店で〝美味〟なる犬の肉が用意できますと言われ、相手を見さげはてたり、とんでもないと首を振ったりするモソ人を目撃したのは一度や二度のことではない。

モソ人と犬との語り尽くされた話には、家の子供が十三歳になり、思春期を迎える年齢に達するたびにふたたび命が吹き込まれる。モソのどの家でも、成人式を執りおこなって子供が大人への敷居をまたぐことを祝っている。この儀式は子供が大人になったことを示すとともに、現在の中国ではとりたてて成人を祝う習慣がないことを踏まえると、その点でもやはり独特な習わしだ。

さらにユニークぶりが際立つのは、成人の儀式が彼らの愛する犬の物語に重ね合わせられている点だ。大人への通過点として十三歳という年齢が選ばれているのは、最後には犬と交換したとはいえ、人間に与えられていたそもそもの寿命と一致する。成人式の最後、新たに大人になった家族に対し、飼い犬に格別のご馳走を振る舞うよう促すのは、特別な贈り物をした犬への生涯に及ぶ借りをしのんでのことなのである。

家族がこの儀式を行うのは、中国暦の春節だ。誰しも思うような子供の十三回目の誕生日当日というわけではない。モソ人は生まれた日に準じて年齢を数えてはいない。年齢は旧正月の元日を何度過ごしたかによって数えられている。太陰暦が使われる以前のさらに古い時代、モソ人の先祖は訪れる春ごとにおそらく歳を数えていたのだろう。ひと春を迎えるたびに、人はもうひとつ歳をとった。

間もなく十三歳という十代の子供を抱えた家では、来たる一大儀式に先立って、特別な日のために入念な準備を整える。家では大掃除が行われ、子供が着込む新しい衣服をあがなうと、村に住む家という家を招いて開く大宴会のためにたくさんの食べ物が準備される。

はじめてこの儀式に招待されたとき、私は夜明けに相手の家に到着しなくてはならなかった。湖畔にあるリゲ（里格）の村で宿泊施設を営むモソ人の家で、のちにこの家族とは大の親友となる。囲炉裏で燃える火の前には親戚や物見高い観光客がすでに集まっており、私はそのあいだに割り込んでいった。隣にいた土地の人にこの儀式がどれほど大切なのか尋ねた。

「私たちモソの者には、十三歳で大人になるこの日は、人生でもっとも大切な日なのよ。私たちはこの儀式を〝成人式〟と呼んでいる」と教えてくれた。

その日、晴れて成人を迎えるのはシアオ・ウジーン（小五斤＝〝五ポンドのちいさな赤ん坊《リトル・ファイブポンダー》〟という意味で誕生時約二千三百グラムしかなかった体重にちなむ）という名の少女で、この宿泊施設の持ち主の娘だった。シアオ・ウジーンが居間に姿を現すと全員の目が彼女に注がれた。本人もこの成人の儀式はずっと心待ちにしてきたようだ。当日は彼女が生まれてから十三回目に迎えた春で、年若い彼女の人生においてもっとも大切な意味をもつ日――この日、彼女は成人を迎えた。このときをもって大人となり、シアオ・ウジーンには一人前の個人として成人にともなうもろもろの権利が授けられる。

大人の女としてモソ人の民族衣装を着ることが許されるが、これは成人するまで許されてはいなかった。それだけに、民族衣装をまとうことは成人の儀式ではもっとも象徴性を帯びた行為となる。

どこにでもいる十代の娘のように、ウジーンは上下のジャージ姿という普段着だったが、居間の左側に立つ〝女柱〟のほうへと歩んでいく当人はいささか不安げな様子だった（女柱と男柱については49ページを参照）。

立会人に促されて片方の足を大きな米袋に乗せると、ウジーンはもう一方の足を丸々一頭の豚で作られた干物のうえに置いた。モソ人にはいずれも富の象徴である。米は食卓に並ぶ豊かな食べ物、豚は旺盛な繁殖力に恵まれたこれからの人生を意味している。

ウジーンにとっては母方で最年長の伯母に当たる女性が「スカートを穿く儀式」を進める名誉を務めた。伯母はまず丈のある白いひだ付きのスカートを持ち上げた。少女がそのなかに足を踏み入れる。まだか細い少女の腰まわりで伯母はスカートを結んでとめた。さらに真っ赤な上衣に少女が袖を通すのを手伝い、鮮やかなピンク色の帯を少女の胴にしっかりと巻いた。仕上げとして、伯母は装飾品が編み込まれた伝統の頭飾りを少女の頭につけてやった。〝五ポンドのちいさな赤ん坊〟は運動着を着ていたお転婆娘から、なんの前触れもなくみごとに着飾ったモソ人の若い娘に変身を遂げていた。

儀式はさらに続き、伯母はモソ語で何かを唱えていた。

「今日よりお前は一人前の女である。長く平穏な一生をつつがなく過ごしてほしい。これより先は一人前の女として生きよ。わが身の振る舞い方はすでにお前もわきまえているだろう」

いささか気おくれしているようだが、〝ちいさな赤ん坊〟は顔をあげてこくりとうなずいた。目の気配からその場の厳粛さを察していることがうかがえる。

一家全員、そしてこの村の住民全員がウジーンの成人に立ち会っていた。本人は年長者に感謝を伝えるため、最初に伯母、次に母親、さらにほかのみんなの前で三度ひれ伏して礼を捧げた。ヤクの乳から作ったバターを混ぜた湯気の立つお茶が全員に振る舞われると表立った儀式は終了である。ウジーンはその場を静かにはずし、一家の飼い犬に特別のご馳走を進呈する。

しばらくすると、私たちは一人残らず家の中庭に案内された。大宴会に加わるためである。この村の全世帯の人間がウジーンの成人を祝うために招かれていたのだ。地元の習わしとして、各家から少なくとも一名が一家を代表して出席し、その目で儀式を確かめ、村の成員の一人となった新成人を見届ける。

モソ人にとって思春期に成人を迎えることは、大人の衣服を着る以上の意味を帯びているのだとやがて私は理解する。成人式を迎える以前のモソの子供は、一人前と見なされていない。というより、むしろコミュニティーでは「存在がいまだ認められていない」人間だと考えられている。万一、成人式を迎えないまま子供が亡くなった場合、十分かつ適切な方法で葬儀が執りおこなわれることはない。自分の人生で十三回目の春を迎えて一人前になったとき、その子供は母系家族の一員として、さらに大きなコミュニティーの一員として、末長い人生を待ち望むことができるのだ。

このときから二～三年先の話になるが、私はもう一度〝大人になる〟儀式に立ち会うことになった。そのときは積極的に儀式にかかわる機会に恵まれた。ラーヅの弟ノーンブ（農布）が十三歳を迎えようとしていたのだ。家を訪ねると、ノーンブの母親らが私に奇妙なお願いを持ち出した。

「うちの息子のために〝ズボンを穿く儀式〟の介添え役をしてもらえない」

「それって女の子の〝スカートを穿く儀式〟のようなものかしら。どうやるのか詳しくはわからない。あなたたちではできないの」

「どうやっていいのか、こっちもよくわからないのよ」

引き受けるよりほかなかった。反射的に頭に浮かんだのは、ある種の名誉が私に授けられることであり、どうやら拒めそうにもない雰囲気だった。私は〝五ポンドのちいさな赤ん坊〟の成人式で目にした記憶だけを頼りに、万事心得ているふりをするしかなかった。

「部屋には〝男柱〟はあるの」と尋ねた。

「ここ、祭壇に向かって右手のほう。米袋と豚の干物は置いておいたわ」と母親は答えた。

私はジャンパーとジーパン姿のノーンブを男柱のほうに案内して、急ごしらえした儀式用の踏み台のうえに立たせた。母親が私にだぶだぶのズボンを手渡す。受け取ったズボンを少年の前に差し出すと、私はそこに足を入れろと促した。こんなふうにして少年ははじめて大人のズボンを穿いた。

次に母親から渡されたのは着丈のあるチベット風の上衣だ。まだまだ子供の体の十三歳にはやはりあまりにも大きい。袖に腕を通させるまではなんとかできたがここで問題が発生。だぶだぶの上着を少年の細い体になんとか巻きつけなければならなかったのだ。母方の伯母がすぐに寄ってきて手を貸してくれた。大人の服装にすっかり身を包んでノーンブは最後のひと仕上げを待っていた。私は少年の小さな頭のうえに柔らかい革でできたカウボーイハットを手早く被せた。

今度はこの儀式にふさわしい特別な口上を何か述べる番である。これは臨機応変に切り抜けた。

「ノーンブ、お前はいまより一人前の男である。つねに正しき行いを心がけ、家族の面倒を見ることを忘れてはならない」。私は穏やかにそんなことを語っていたが、これでなんとか事足りてほしいと願っていた。

ノーンブにとって大人になるとは、モソ人の男としての役割を徐々に担うことを意味している。生涯を通じて自分の母方の親族と暮らしながら、男性には一家の田畑をめぐる力仕事への肉体的な貢献がとりわけ求められる。自分が選んだ女性と自由に関係は結べるが、アシア（阿夏）つまりモソ語でいう〝愛人〟とは結婚せず、相手を娶《めと》ることもない。家は彼の母方の家族だけで成り立っているからだ。自分のアシアが産んだ子供に対しては、彼はなんら責任を負う必要もなく、子供は自分のものだと主張もしない。なぜならその子供は彼のアシアの家族の一員で、彼には属していないからだ。彼には夫としての義務がないばかりか、父親としての義務さえ負っていない。

ウジーンのような若い娘の場合、成人に達すると特典が授けられ、母方の家で自分専用の居室が持てるようになる。また、女性は母方の家で生活し、ここで愛人と自由に愛し合うことができるようになる。女性は母方の家で自分の兄弟姉妹、母方のいとこ、自分の母親、母方のおばやおじ、そして母方の祖母らと生活をともにして、こうした暮らしぶりは生涯にわたって続けられる。モソ人ならではの恋愛生活である「走婚」も自分しだいで、選んだアシアとは誰であろうと決して結婚することはないし、相手の家に嫁ぐこともなく、アシアとともに自分の家庭を築くこともない。年頃になれば子供を産むように勧められ、生まれた子供は彼女の母方の一家に加えられる。彼女が産んだ子供は彼女自身の母系家族のものなのである。

モソ人にうかがえる独特の社会制度は、中国のほかの地域には存在しておらず、いまも昔もその点では変わりはない。今日、おそらくモソ人以外のどのような地域でもこうした制度は存在していないだろう。家母長制と相反する男性優位の社会では、こんな制度は決して維持などしていけない。

過去の多神教の伝説と民話は、現在のチベット仏教徒によってひとつに重なり、迷宮にも似た融合を生み出してきた。この融合を通じてモソ人がよるべとしたのが、なににもまして大切で決して途切れることがない一本の糸、その糸こそ女性性を祝うということなのだ。月は女性的な自然の力のシンボルだと多くの文化で考えられ、モソ人の文化でも月は女神として崇められている。一方、太陽は大半の古代文化で男性の神格として崇拝されていたのが普通だが、モソ人の精神世界では太陽もまた女神で、その女性性について疑問を差しはさむ余地などない。家母長制のこの部族では、山の神については女神と男神の両方があるものの、なかでももっとも崇められているのが女性性、すなわちゲムと呼ばれる山の女神なのだ。私のなかのフェミニストの素質が、ルグ湖へと引き寄せられていったそもそもの理由がこれだった。転山節をあとにしたとき、ある思いが私の念頭をよぎった。中国の辺境、山並みに隠れるようにしてたたずむこの土地にこそ、女性をめぐるとびきり興味深い物語が潜んでいるはずにちがいない。

第2章　モソの村に家を建てる

建設業者ジュアシの誘惑

ルグ湖へのはじめての旅は時間が限られた名所めぐりだったが、私はとても気に入り、旅の様子を絵葉書に走り書きして何度か実家に送った。二度目にここを訪れたとき、思いがけない愉快な運命のいたずらで、私は格姆《ゲム》女神山の山麓に自分の別荘を建てるという話に乗っていた。そして、五度目の訪問では、松が生い茂る丘の一帯に建つ真新しいモソ風の家で暮らし始めていた。その点では、私が女たちの王国の常連となる話はかなり風変わりな物語である。

最初の訪問で予約していたのは湖畔に建つゲストハウスで、湖が一望できる簡素な部屋だった。殺気立った群集がひしめく中国の都会から遠く離れた山中の隠れ家で、私は美しい景観と山の音《ね》を堪能した。アルプスの山にも似た絵のように美しい風景を愛で、ロープウェイに乗って女神山の頂上にも登った。中華風のバーベキューを食べたり、米を醸した地元の酒を飲んだりした。裸火のまわりで夜ごと行われるモソ人の踊りを見たあと、通りすがりの旅行者ととりとめのない話を交わした。中国を歩きまわってみようという私の旅行計画のなかでも、やはりここは興味を引かれる土地だった。

二度目に訪問したのは翌年の春のことで、のちに私の義理の娘となるラーヅ（例祭の転山節ではじめて出会った娘）と旧正月に会うという約束を果たすためだった。ルグ湖へ向かう観光バスで、乗り合わせた地元の人にラーヅのことを話した。

「ラーヅは私の姪っ子だよ」と相手は声をあげた。大柄で立派な体格をした男性で、髪を肩まで伸ばしている。

「あの子の母親は私の妹なんだよ。あの子に会いにいくなら、湖のリゲ（里格）半島で私がやっているゲストハウスに泊まったほうが便利だよ」とラーヅの伯父ジュアシ（扎西）は言葉を添えた。

私は宿泊先を「民宿ジュアシ」に変更することにした。湖岸の楽園に建つこぢんまりとした、素朴で好ましい建物である。

「山向こうの妹の家まで車で案内するよ」。翌日、ジュアシは申し出てくれた。

ジュアシと知り合いになれたことで、八人の兄弟姉妹という彼の妹（沽咪《グミ》）の大家族の面々と徐々に親しくなる道が整えられていった。のちにグミの兄や姉は、私にとって女たちの王国の親戚のような存在になる。もっともその話はさておき、ここでは物語を先に進めていこう。

申し出通り、ジュアシはグミの家までわざわざ案内してくれた。私はグミとラーヅ、さらに齢《よわい》七十いくつかというこの家の家長であるジュアシとグミの母親と旧交を温め、満ちたりた一日を一家とともにくつろぎながら過ごした。私のためにわざわざ鶏を一羽つぶしてくれ、昼ご飯は囲炉裏のそばに置かれた小さな椅子に座って食べた。

このころジュアシはゲストハウスの食堂で夜語りを催していた。食堂の中央にある炉で炎をあげる石炭をかたわらにして、ジュアシは次から次へと話を紡ぎ出し、中国人観光客をうっとりさせていた。

モソ人にまつわる尽きせぬ逸話や物語には誰もみな熱心に耳を傾けた。結婚がない社会、女は心のおもむくままに恋人を選び、男は夫や父親という拘束にとらわれることもない。私もそうした村の話をうっとりと聞いていた一人だった。当時、私は知らなかったが、ジュアシはすでにルグ湖とここ「女子国」の観光の目玉として、彼の地にこの人ありの伝説的な人物として盛名を高めていた。中国のインターネットでも取り上げられ、自撮りの写真を並んで撮ろうと大勢の旅行客が文字通り毎日のように列をなしていた。

ただ、この比類なきモソの男性についてあまり知られていないのは、本人が建築学とその建設術に深い愛情を抱いている点だ。手始めに建てたリゲ半島のゲストハウスのほかにも、女神山の真裏に厩舎を建てている。雲南省の省都昆明市の郊外で堂々たる喫茶店の建設を手がけたこともあった。私と出会ったころ、おのが天職についてもう一度腕試しがしたいと本人はむずむずしていた。

「ここで家を建ててみたらどうだい」。出し抜けにそう問われたのは、私がラーヅの家を訪問した翌日の一月の寒い午前中のことだった。ジュアシは顔ぶれも多彩な観光客を招いて牧場でお茶会を催していた。

「え、なに。この牧場でということ」。突拍子もない提案に私は驚いた。

「そう、ここだよ。向こうに見える小さな月亮湖を控えた申し分ないこの場所だ。地元風の簡素な別荘にすることもできる」

「お値段はずいぶんなんでしょうね」。相手の誘いに乗ったというより、好奇心にかられて私は尋ねていた。

聞かされた金額はびっくりするくらい安く、土地が限られたシンガポールの住宅価格が当たり前の身としては、比べてみてもどうしても信じられなかった。

「うーん、考えてみることにするわ」と答え、確約は避けたものの、自分のなかでそこかしこに種子がすでにまかれた感じがしていた。

シンガポールという人口過密なホームタウンに戻ってからも、この突拍子もない提案についてよくよく考え続けていた。排気ガスの臭いがする空気を吸いながら午後の散歩に出かけ、人でごったがえす遊歩道を歩いていると、湖のほとりの松の森にたたずむ別荘からハイキングに出かけ、清冽で爽やかな山の空気を吸い込むという別の考えがますます抗いがたいものに思えてくる。ジュアシの提案に応じるまで、大して時間はかからなかった。

はやる思いに駆られ、二か月後、私はリゲにとって返し、建設業者のジュアシにこちらの意図をきわめて手短に伝えていた。

「あの簡素でお金のかからない家とやらを建ててくれないかしら」

相手の目が輝いた。

「こっちの要望はほとんどないわ。ただ、家の外観と住み心地は土地の家と同じようにすること。地元の家のたたずまいが気に入っているの。それからトイレまわりは今風にね。でもいちばんの希望は、お祖母さんたちの部屋のように、村のどこの家にもある囲炉裏があって、なんにでも使える居間が欲しい」

これでおしまいだった。ものの二分という仕様説明で、ジュアシの牧場近くに建てる家の打ち合わせは済んでしまった。相手はうなずいているばかりで、とくにそれ以上問い返そうともしない。話ならもう済んでいるではないかといった調子だ。

運命的な会話を終えると、長居をしないままルグ湖をあとにした。これで何かが動き始めると信じていた。白状してしまえば、これから先のことについてとくにわかっていたわけではない。ジュアシは本当に作業を始めるのだろうか。いつになったら始まるのだろう。仕事ぶりを監督するため、行き来する必要があるのではないのか。たくさんの問題が頭をよぎった。もっとも、私もバタバタしていたことがあり、事が動き出すようなら、あとはなりゆきにまかせるしかないと最後にはそう腹をくっていた。なるようにしかならないと達観したのだ。かりに何も起こらないとしても、こんなことはリターンがとれなかったちょっとした博打でしかないのだから。

それから数か月、私はジュアシにときどき電話を入れ、計画の進行を尋ねていた。たいていの場合、相手の返事は曖昧で要領を得なかった。

「うん、もう始めているよ」。これという説明もないまま言われたことがあった。

「進んでいるよ」と、別のときにはそんな返事だった。

「ルグ湖あたりじゃ、いちばん立派な別荘になるぞ」。次に電話したときにそう自慢をしていたが、さらに踏み込んだ話はほとんど聞かれない。

私もそれ以上は詮索せず、やりとりは電話に限られる現実を受け入れていた。相手の言うことをただ信じるしかなかった。

そうこうしているうちに時間は過ぎていき、好奇心がやがて頭をもたげてくる。四か月後、そろそろ現地の状況を確かめる潮時がきたのではないかと思うようになっていた。その日、私は朝早く歩いて出発した。牧場は女神廟に向かうなじみのハイキングコースの途中だ。リゲと青い湖水をたたえるルグ湖を背に石ころがまさる斜面を登っていき、曲がりくねった小道を経由して、高地を横切りながら女神山の真裏へと向かった。

月亮湖と呼ばれる小さな湖の湖畔をたどっていくと、牧場がある崖の向こうで人だかりがしている。胸が高鳴った。何が何やらよくわからない。近くに寄っていくと、人だかりから離れてジュアシが出迎えてくれた。モソの人たちが男女三十名ほどいて、そのなかにはジュアシの親戚や友人の顔もあった。みんな私の家の棟上げのために集まってきてくれていたのだ。

家の枠組みを立ち上げる仕事は、モソの土地ではないがしろにできない行事であると同時に、ジュアシがそうだったように、できるだけたくさんの人手をかき集めなくてはならない一大事業なのだ。集まった屈強な人たちはあたりをうろうろしながら、村の仲間意識の見せどころとばかりに腕まくりしている。

みんなが立つかたわらには、丸太や桁で組まれたいずれもわが家の壁となる枠組みが置かれている。こうした枠組みが私の家のために五面用意されており、その日、すべての枠組みを立ち上げる予定だった。どの枠組みも二層になっているところを見ると、家はどうやら二階建てらしい。すべての枠組みを引き起こし、さらに何本もの梁を直交させると家の内部と外部の骨組みができあがって、あとでレンガを積んで壁を仕上げていく。

男たちに声がかかり、枠組みを据えつける指示がくだされた。あとになって思えばこれは実物大の巨大なレゴブロックにも似ている。最初の枠組みに数人がとりつき、てっぺんの桁にロープを結びつける。枠組みはかたわらの石の土台に運ばれ、束石《つかいし》にさしかけるように桁の基部が置かれた。ロープのもう一方の端を握りつつ、土台から数メートルの間隔をとって男たちは枠組みを引き上げようと待っていた。反対側で待機している者たちは枠組みを押し上げようと長い棒を手にしている。

「用意はいいか」とジュアシが大声をあげた。

あとは皆、音頭取りの掛け声を待つばかりだ。

「いち《ダア》、にー《ニエ》、さん《スゥオ》」

モソ語の「一、二、三」であがった掛け声、「三《スゥオ》」の声に合わせて引き手は一斉にロープを引いた。枠組みはわずかだがなんとか身を起こした。ここでさらにもうひと声、「ダア、ニエ、スゥオ」。枠組みは起きたもののやはりわずかだ。だが、反対側の押し手にはこれで十分だった。柱のうしろに位置を定めると、ある者は屈強な腕を使い、またある者は木の棒を押し当てながら反対側から枠組みを立ち上げていった。

もう一度、「ダア、ニエ、スゥオ」。引き手と押し手、双方の押し引きで枠組みはさらに高々と持ち上がっていく。それから十回以上に及んだ掛け声に合わせて押したり引いたりが繰り返され、ようやく枠組みは天を向いて直立した。だが、手はまだ離せない。引き手はロープを張ったまま、押し手も立ち上がった枠組みを押さえている。そのあいだ、二人の男が支柱にする二本の木材を取りに走った。支柱を置いてはじめてひと仕事が完了、あと四回同じ作業が繰り返される。

道具の使い方にも無駄はない。一番目の枠組みからロープを解くと、二番目の枠組みに結びつけた。

同じ作業が一から始まる。ふたたび掛け声があがり、押したり引いたりが繰り返され、枠組みが立ち上がるまで続けられた。

二面の壁の枠組みを直立させると、今度はこれをレゴのブロックよろしく組み合わせていく番だ。枠組みにぴたりとはまるよう、桁には等間隔の継ぎ目があらかじめきちんと刻まれ、桁よりも寸の短い梁を組み合わせる手はずになっている。こうすることで二面の壁はしっかりと支え合う。この部分に携わるみんなの仕事ぶりは、チームワークと敏捷な肉体労働とはどういうものかという格好の見本である。

「今度は梁《はり》」と一同をしきる親方が次の仕事を大声で発した。

とくに急かされたわけではない。足場もない。安全ベルトもないまま、四名の屈強な男は手と足を使って太い柱をよじのぼっていく。一段目と二段目の桁にたどりつくと、それぞれ狭い桁に腰をおろして待機する。誰かが梁の番号を読み上げた。どの梁にもきちんと番号が記されている。別の者が番号の梁を急いで見つけると、桁で待つ男に差し出す。四名のうち一段目の桁で待っていた一人は、曲芸師よろしく差し出された梁の端をつかむと、巧みに操って向こうの桁で陣取る相方に梁のもう一方の端を持たせた。梁の両端を手にした二人は、それぞれの切り口をあらかじめ刻んでいた桁の継ぎ目の部分に置く。しばしのあいだ手を止め、継ぎ目に梁を打ち込む道具が手渡されるのを待った。

ロープを無駄なく使ったように、男たちはたった一組の道具をこの仕事、あの仕事と使いまわしていく。桁の一人には大きな金鎚が渡されたが、もう一人に手渡されたのは斧で、斧頭の部分を金鎚代わりに使っている。それぞれの道具を巧みに使いこなしながら、二人の猛者《もさ》は足場の限られた桁のうえでからくもバランスをとっていた。重そうな道具を片手で扱い、一回、二回、あるいはそれ以上と必要に応じて継ぎ目に梁を打ち込む。それが終わると敏捷な二人は綱渡りでもするかのように桁を伝い、二本目の梁を所定の位置に打ち込んでいる。このときも同じように道具が渡され、同じ作業が繰り返されて二つ目の梁が所定の位置に収まる。すべての梁が組まれるまで二人はさらに何度か同じ作業を続けた。

一段目の仕事が完了すると、同じ作業が二段目の桁で待機していた二人組によって繰り返される。このときも同じ道具が使いまわされる。そして、上下の両方の層の梁が継ぎ目にぴたりと収まると、二面の壁の枠組みは互いに固定されてびくともしない。

いちばん大きな三番目の枠組みを起こそうとしたときだ。押し引きを何度か繰り返してみたものの、重量があるだけにぴくりとも動かない。緊急事態の発生だ。早急な対処で応じなくてはならなかった。「女たちはどこだ」とジュアシが声をあげた。「こっちだ、こっち。早くきて手を貸してくれ。料理はあとあと、とにかくいまはこっちのほうだ」

火鉢の番をしていたジュアシの妹と五人の女性がこちらに駆けつけ、ただちに引き手の列に加わる。「ダア、ニエ、スゥオ」。掛け声がますます大きくなっていく。もう一度、「ダア、ニエ、スゥオ」。さらにもう一度、「ダア、ニエ、スゥオ」。全員の声がひとつになった。大声で唱和したおかげで枠組みが持ち上がっていく。ゆっくりとだが、ずっしりと重い枠組みが掛け声のたびにじりじりと上向いていく。何度も何度も引き続け、ようやく枠組みは地面から離れて立ち上がろうとしていた。そして、最後のひと引きで石の土台のうえに鎮座した。直立した枠組みにみんなの歓声があがる。

この三番目の枠組みには二本一組の長大な丸太が組み込まれている。モソの家屋の主室として、どの家の祖母の間《ま》（この部屋の使われ方については84ページに詳しい）にも置かれている対の柱となる丸太だ。丸太は一本の松の幹から切り出され、下半分の太い部分は祭壇を背にして右側に置かれている女柱、上半分の細い部分は男柱として左側に置かれる。家屋の構造にもジェンダーをめぐるヒエラルキーがさらにはっきりとシンボライズされている。

神様をお迎えする日

この日の午前中、一同の重労働は壁の枠組みが残らず組み上がるまで延々と続けられた。釘を一本たりとも使わず、レゴのブロックはついにできあがった。目の前の光景が私にはどうしても信じられない。灰のなかから不死鳥が身を起こすように、二階建ての木造の骨組みが姿を現した。

「さあ新築を祝う番ですよ」。この合図を待っていた年配の男性に向かってジュアシは大きな声で呼びかけた。

年配の男性は籠を捧げながら、組み上げたばかりの骨組みの中央に歩み寄った。籠のなかには高地で作られた大麦と小麦、蕎麦の実、米、トウモロコシが詰まっており、さらに砂糖と硬貨が投げ入れられている。モソの食事では五穀は欠かせない。男性は顔を東の方角に向けて東の神の名を唱えると大きく声を発した。

「この新しき住まいを寿ぎたまえ。ここに住まう者に平安と幸いをもたらしたまえ」。そう唱えるあいだ、男は籠のなかの尊い穀物を天に向けてまき続ける。西に向きなおると男はふたたび言葉を繰り返し、今度は西の神に懇願している。同様の祈りが南の神、北の神にも続けられていく。

仕事に携わってくれた人たちのこともジュアシは忘れてはいない。丸々一頭の豚を煮込んだ大鍋たっぷりのシチューを用意して、今日一日の労苦をねぎらおうと手配していた。

この日を境に建築をめぐる状況はすみやかに動き始める。改めて確かめようと次に訪問した三か月後、このころにはずいぶんそれらしい形を整え始めていた。いちばん印象的だったのは祖母の間である。敷地が限られていたので、私の家では主室は小さな二階建ての山小屋風の建物の上階に設けられた。土地の習わしとしては異例で、通常、祖母の間は一階に置かれ、その家の主室となっている。この部屋はモソ人の家庭の心臓部だ。そして、土地の流儀に倣い、私の家でも主室中央に石で囲った囲炉裏が置かれる予定だった。広々とした一室で、女柱の隣には造作中の寝台があり、典型的な祖母の間の様式そのままで作られている。柱の対面に当たる場所に大工が祭壇を作ってくれた。チベット仏教の神様を祭ることになる。なにからなにまでモソ人の祖母の間そのままの出来映えに私は満足していた。

私が寝起きする部屋は超豪華な〝花楼《かろう》〟になる。花楼はモソの娘が成人に達すると与えられる自室だ。私の場合、ホテルのスイートルームぐらいの広さがあるが、娘たちの花楼は寝台と訪れた客にお茶をもてなす小さなテーブルだけともっと狭くて使い勝手がいい。私の寝台は壁に組み込まれたビルトイン式で、王妃の寝室を模した宮廷風のウエディングベッドに似ている。寝台を囲む枠にはみごとな木彫りが施されていた。ソファ一式が余裕で置けるほど部屋は広い。大体においてこの私室《ブドワール》は慎ましい地元の花楼に比べいささか贅沢にすぎたが、それに関して私のほうには不平などない。

設計に際し、ジュアシは窓と扉の枠、軒下にも精巧な木彫りの木工細工を取り込んでいた。最後の仕上げとして、建物の内側と外側に組み込まれた木彫りすべてに、赤、青、緑、黄、ピンク、紫のほか、これらの色の中間色という中間色で一部のすきもなく鮮やかに彩色していた。祖母の間の天井も例には漏れない。見上げれば天井は、山々や湖や花、長寿のシンボルや雲のなかを飛ぶ龍などが一面に描かれたキャンバスだ。いずれも入念に描かれてシステナ礼拝堂を彷彿させる。

これだけではまだ足りないかとでもいうように、家からは月亮湖の風景と聖なる女神山の景色がさえぎるものなく、申し分のない景観で望むことができた。どの部屋にも引き違いの長い窓が取り付けられているので、どこにいてもみごとな山間部の風景を鳥の目になって見ることができる。

とはいえ、モソの家ならかならずあるものが、私の家でもすべて再現されていたわけではない。高台にあるチベット仏教寺院を祭るため、モソではどの家にも経堂が設けられているのが普通だ。経堂は一家の男性のうちラマ僧になるべく選ばれた者にあてがわれ、本人は自宅にある聖域で経を唱えたり、祈りを捧げたり、ろうそくを灯したりしている。

また、モソの家屋ならではの中庭がなかった。敷地にもっと余裕があれば、四方を建物で囲まれた中央に矩形の中庭を作ることもできただろう。モソ人の農家の場合、部屋数は一般的な中国の農家より多い。その家で暮らす女性と同じ数の居室があり、これに家族の男性がともに過ごす居室、家事作業を行う部屋がさらに二〜三室付随している。また畜舎や作物を貯蔵しておく納屋も私の家にはなかった。

私の家の場合、部材として松の木が使われている箇所はごく一部で、それ以外の部分ではレンガやモルタルやごくありきたりな木材といった、いまどきの部材が使われている。ルグ湖周辺が豊かな松の森で覆われていた時代なら松の丸太だけで組み、数百年は長持ちする家を建てていただろう。環境保全にともなう昨今の伐採規制で、私の家同様、こうした地区に建っている最近の家もまた市場に出回っている建築部材で間に合わせるほかなくなってしまった。

しかし、ここに建てた私の家は第二の住まいという目的によくかなっていた。家を建てることに同意したあの日から九か月、ちょうど旧正月というその日に合わせ、ジュアシはこの家の鍵を手渡してくれた。

「さあ鍵だよ。これでいつでも越してこられる」といとも無造作に相手は言う。

返す言葉がほとんどなかった。なんとか口にできたのは「本当にありがとう」のひと言である。

ジュアシの仕事ぶりは私の予想をどれも圧倒した。ジュアシという適任者を得られたことは本当についていた。設計者、立案者、建設業者、プロジェクトマネージャー、メインコントラクター、仲介者からなるドリームチームをたった一人でやり遂げた人物こそジュアシにほかならない。とりわけ目を見張ったのは、私の思惑や指図を必要としないまま建設の全工程をみごとにやり遂げた点に尽きるだろう。

「新しい家のために御祈禱の手配をしようか」と次に言われ、美しいこの山あいの中心地に伝統的なモソ人の家屋を建てても、しきたり通りの祈りが捧げられていなければまだ十分ではないと思い返していた。

「モソでは新しい家に移る前、〝火の儀式〟が行われている。儀式の最中、囲炉裏にはじめて火を灯して、火の神様をこの家にご招来するんだ」とジュアシはさらに説明をしてくれた。

この提案に促され、私は知り合いのチベット仏教のラマ僧に頼み、二〇一〇年一月の好日にお祈りを捧げてもらってから新居で暮らすことにした。よき日の当日、夜明けとともに友人のラマ僧は同輩の僧を一人ともない、伝統の赤い衣に身を包んで家の玄関に現れた。私はまだ眠そうな目をして二人を迎えた。

二人は手慣れた様子で前庭の地面ににわか作りの祭壇を組み立てると、そのうえにさまざまな祭具を並べ始めた。ジュアシと彼の妹《グミ》の連れ合い《アシア》であるギジ〔訳注：「給茲《ギジ》」はモソ語で「弟」を意味する。著者はジュアシの妹と彼女のアシアについては名前ではなく「妹《グミ》」「弟《ギジ》」の親族名称で呼んでいる。84ページを参照〕が僧の介添えとして立ち働き、祭壇の前に置かれた香や松の枝に火を灯すと、それを合図に儀式が始まった。

ラマ僧の作法に従ってあぐらをかいて腰をおろすと、二名の僧侶はつぶやくように経文を唱え始めた。目は竹で綴じられた経文に記されている神聖な文言を追っている。一人で経を唱えていたかと思えば時には二人で唱和する。時折経文の聖なるページをめくりながら経を読み続けた。読経の区切りでひと息入れると、そのたびに一人が払子《ほっす》で祭壇に聖水を払う。別の合間では、介添え役のジュアシとギジが仏教の儀式でよく使われる巻き貝を吹き鳴らしたり、儀式用の太鼓を変わらないリズムでたたき続けたりして長い讃歌の音を捧げた。

一時間半の厳粛な儀式が済むと、一行は赤々と燃えている石炭を小さな壺に入れ、それを恭しく掲げて祖母の間へと階段をあがっていった。物音を立てないようにしながら私もあとについてあがると、経を唱え続けながら、運んできた石炭の火を囲炉裏の中央に厳かに据えている僧侶たちの様子を間近で見守った。読経はさらに続いて、火の神をこの家の囲炉裏に招き入れた。

「この家で最初の火がついた。これでこの家も安泰だ」とジュアシが声をひそめて説明してくれた。いったん火を灯したからには、火の神のご機嫌を損ねないよう、一日中灯し続け、熾火《おきび》は決して絶やしてはならないと念を押された。これは厄介なことになりそうだ。火を灯し続けることは、都会育ちの私のレパートリーには入っていない。そうはいうものの、この火は昼夜私を温めてくれるばかりか、象徴的な意味でもこれからたくさんの料理を作ってくれるのだ。

囲炉裏のまわりで米をまき、私が決して飢えることがないよう僧侶は祈りを捧げてくれた。最後の仕上げとして、年かさのほうの僧侶が招福の仏様を描いた「タンカ」という掛け軸を授けてくれた。ジュアシが介添え役として受け取ると、部屋の端に置かれた祭壇のそばに厳かに絵を掛けた。絵の前で三度叩頭すると、私にも同じように額を床につけて拝礼するように促す。私は言われるまま頭を押し下げていた。

女神山とライオン

次の日の朝、土地で飼われている鶏の声で私は目を覚ました。祝福を受けたばかりの新しい家で、一日目の朝を私はその後毎朝の儀式となる行動で始めた。母屋の周囲はテラスに囲まれている。いれ立ての雲南産アラビカコーヒーを手に、強い日差しを浴びているテラスに思い切って出ていき、目前の山あいの劇場が変わっていく様子を待っていた。

小高い丘のうえという地の利を得て、目の前の景色が一望できる。松の森に覆われた小さな丘が静謐な月亮湖を取り囲んでいる。三日月の形をしているのでこの名前がつけられた。湖の左手にはおなじみの女神山が気高くそびえ、まるでこちらに向かって微笑んでいるようである。

ふかぶかと十回、息をゆっくりと吸い込むと、私の肺はパリパリと音を立てそうなほど澄んだ空気で満たされた。ここよりもきれいな空気はあるのかしら。雲南省の辺境の山間部はチベットや海南省とともに、中国の環境汚染地図を免れたわずか三つの行政区のひとつで、中国の各都市で汚れた空気を吸い込んできた私には願ってもない変化だった。

湖畔はどこも静まり返っていた。いちばん近い隣人で、湖畔で唯一のご近所からも生活の気配はまったくうかがえない。幕開け間際の劇場の静けさにも似た静寂のなかで、私は朝のコーヒーをはじめてひと口すすった。これからこの舞台で何かが始まろうとしていた。

空はこれ以上ない青色をたたえて雲ひとつない。蒼穹を背景に二羽の鷲が慎重だが決して引かない気配で湖のうえを旋回している。その姿を私はひそかに追っていた。二羽はゆったりと空を舞い、上昇して大きな輪を描いたかと思えば、急降下して湖面をすれすれに飛んでいく。目は北のシベリアから避寒してきた野鴨の姿を追っている。二羽のうち一羽が前触れもなく湖岸の近くを泳いでいた子鴨にダイブをかけた。閃光よりも速い。野鴨の群れはパニックに陥って逃げまどう。差し迫った危険を知らせる大きな鳴き声が入り交じっている。恐慌に陥った群れはいっせいに上空へと舞い上がった。狙われた一羽はからくも残忍な爪をのがれられたが、当の鷲はふたたび空にあがると相棒とともに別の機会を求めて飛び去っていく。第一幕はこうして幕をおろした。

本当に申し分のない朝で、これ以上のショーはなかった。野鴨の群れが騒がしく湖に戻ってきたのはコーヒーをもうひと口飲んでいたときである。湖に舞いおりるとエサをついばんでいる。好きなように泳ぎまわっても安全だと覚ったらしい。

ルグ湖周辺の劇場はさらに続く。二幕目は二階の祖母の間で見ていた。部屋に入ると私は祭壇に向かい、ジャスミンの香りがする線香に火を灯すと、お祈りで打ち鳴らす銅鉢に向き直った。一日目のこの日の朝、私が選んだのは魚の形をしたいちばん大きな丸い銅鉢で、打ち出した青銅に磨きをかけて作られている。リン棒を取り上げて銅鉢の脇をたたき、その縁にリン棒を押し当て、滑らかに一回、二回、三回となぞると、柔らかい共鳴音があがり、音はしだいに膨らんで大きな低音を響かせていった。この日の朝、私はそんなふうにして朗々たる祈りを捧げた。

広々とした窓から私は聖なる女神山に目を凝らした。約四千メートルの山頂周辺には雲がかかっている。ゲムの天気予報ははずれたことがないという地元の話を思い返していた。「ゲムが雲の帽子を被っていたらかならず雨になる」と友人の一人から教えてもらったことがある。

女神山は南から見た姿がいちばんだが、私の家は山の北側に建つので山容はまた別の姿を見せ、ライオンがくつろいでいるように見えてくる。この山が別名「獅子山」というといわれだ。だから、こちら側ははるかに静かで観光客の姿は少なく、私にはこれが幸いした。

山の向こう側に出れば正面に見える山の姿は、紛れもなく横たわる女神という印象的な輪郭で、山はそこから湖を見守っている。観光客が集まるのも大きな湖のほとりのその場所だ。実際、この十年でルグ湖周辺の村々は観光客の目的地として急成長してきた。

観光客を乗せたバスは、山のこちら側にあるロープウェイ乗り場に真っ直ぐやってきては客を降ろしている。山頂の洞窟に向かうロープウェイに乗れば空から周囲が一望できる。乗り場正面の案内板には英語で「Goddess Hole Ropeway」と書かれているが、これでは「女神洞」ではなく「女神のあそこ」という意味になってしまう。いわく言いがたい誤訳だ。「中英辞典」から直訳したのはまちがいない。

うたい文句によれば、この女神洞はゲムの女神の〝家〟で、愛人をもてなす花楼であるロマンチックな私室も備わっている。私室に隣接する鍾乳洞の床にはたくさんの石筍があり、なにやらその形は誇らしげな男性のシンボルにも見えなくはないが、土地の人たちにとっては男性の精力の象徴であり、参拝の対象でもある。風光明媚なリゲ半島をはじめ、ルグ湖の側に面しているモソ人の小さな集落や村にあるコミュニティーでは、もろ手をあげて観光客の到来を歓迎している。ここで暮らす家々はほとんどと言っていいほど、なんらかの形で観光ビジネスにかかわっているからだ。

しかし、女神山も私の家が建つ側では、群れて押し寄せる観光客の喧噪はしっかり遮断されている。私の家は、人で賑わう観光地化したルグ湖と女神山の麓の草原に広がる農地のちょうど中間に建っている。人通りがあったにしても、家の前を往来するのは農民の小グループが周辺の丘で薪を集めた帰りか、あるいはごくまれにバイク一台が通りすぎていくぐらいだ。静けさということでは、これほど騒音と無縁だと、静まり返った静寂の音そのものが聞こえてきそうなほどである。

雲南省北西のみごとなほど人里離れた土地で暮らせるのも運のおかげで、それだけに思ってもみなかった事のなりゆきにはいまでも恐れ入っている。すべてはジュアシの何気ないひと言、地上の楽園のささやかな土地で別荘を建ててはという話から始まった。南欧のヴィラに比べれば私の家は慎ましいものだが、このあたりではいちばん目を引く建物で、しかもいきとどいた設備を備えた豪邸なのだ。

はじめのうちはこの家を別荘として使い、慌ただしいシンガポールや北京、あるいはロンドンの生活に倦んだとき、二か月に一度、休息と気晴らしのために訪れていた。やがて冬の夜のすきま風、朝には氷結して断水する水道、観光シーズンがピークの期間中に断続的に発生する停電に慣れてくると、ここでの生活そのものにも慣れていった。

もっとも、時代の利便性に対するへその緒のようなつながりから、これだけはという商品で詰まった箱を送る機会は徐々に増えていった。コーヒー豆を挽くグラインダーやコーヒーメーカー、正真正銘の羽毛布団、バッテリー式のキャンプ用ライト、耐久性抜群のスポーツジャケット、頑丈なハイキングシューズ、ヘアドライヤー、さまざまな化粧品やトイレ用品などは雲南省の片田舎で入手できるものではない。静かな夜に聞こうとアイフォーンに無数の音楽ファイルをダウンロードする一方、書棚二段分あった歴史書や旅行書や小説はこちらに送ったため書棚はすかすかになってしまった。

自分のフェミニスト魂にとってやがて心のふるさとになる土地に、私はこうして腰を落ち着けていった。

第3章　モソの人間として暮らす

「お手洗いはどこかしら」

新しい別荘を手に入れ、私の思いはハネムーンを心待ちにするような気持ちに変わっていった。モソの家で過ごしたいとうずうずしていた。別荘に帰る計画を練っていると本当に心は弾み、訪問のたびに荷物がひとつまたひとつと増えていくので、別荘はただの建物から私が住まう家に変わっていった。気がつくと、シンガポールではなく、ルグ湖にある家で暮らす時間がますます増えていった。新しい友人を作ることに時間をかけ、土地の人たちのように暮らしていこうと腹をくくることもないま、少しずつモソの人たちの流儀にも慣れていった。

「あの人は私たちの仲間だよ。半分はとっくにモソの人間だよ」。知り合って六年になる仲のいい土地の友人が最近そう断言してくれた。

自分のやり方にやはりまちがいがなかったと思った。地元の人とのつき合いでは、彼らとはあまりにも異なる行動は控えてきたし、そのように見られないように接してきた。それがよかったのだとわかってうれしかった。なんだかんだと言いながらも私はやはりよそ者で、そのよそ者がいまだ多くの点で古い流儀と習慣が染みつく昔からの閉鎖系のコミュニティーになじもうとしているのだ。

人の感情を害したり、誤解されたりするような真似は慎むように気をつけ、外出するときにはいつも自身をチェックすることが本能になっていた。事のなりゆきがどうなるか見当もつかなかった。

土地の流儀をめぐり、最初に受けた洗礼のひとつはのっぴきならない事情に関係していた。生理的欲求に際し、どう応じるのかというものである。ラーヅの家をはじめて訪ねたときのことだ。その日の午後、新しい〝家族〟の契りを結びながらずっといっしょに過ごしたあと、当然のことながら席をはずす必要を感じていた。

「お手洗いはどこかしら」

「家にはないですよ」とラーヅは屈託なく答えた。

ここではトイレなしが普通だとのちに判明する。モソの家ではいまだトイレは贅沢品だ。モソの多くの家庭が中国国内の農村に追いついていないというから驚きである。たとえば私の祖父が生まれた広東省の奥地の村では、どの家もシャワーとしゃがんで用を足す便器だけは備えている。

面を食らった。きっと顔にも出ていたはずだ。

「外まで案内しますね」とラーヅが言ってくれたのは、私の顔色を読んだからなのだろう。裏口まで案内して扉を押し開けてくれると、横にさがって私を通してくれた。

「どこ」。裏庭を見渡しながら尋ねた。

相手はうなずくばかりで、あとはお好きなようにとまかせてくれた。

どうすればいいのか途方に暮れるばかりだ。目の前はジャガイモ畑に隣り合った剝き出しの一角。馬と鶏が草をついばんでいる。隣家との境は泥と藁を練り込んだ塀一枚。

「こんな開けっぴろげな場所でいったいどうしろっていうのよ」

この大事業をなし遂げていくうえでともなう問題がいくつか頭をよぎった。私のなすべき事業について、もっとも目立たない場所はどこなのか。隣近所から見られずにいられるもっとも戦略性に優れた地点はどれか。私の行為によって被害を受けるかもしれないのはどの植物、どの動物なのか。水質汚染を避けるためには、灌漑排水からどの程度の距離で位置していなければならないのか。しばらく躊躇した末、私が選んだのは家から離れた庭のいちばん奥まったところだった。意を決した私はその場にしゃがみ込んでついに行為に及んだ。

この手の問題は次の訪問でもかならず繰り返されるたぐいのものである。難事業を繰り返していくうちに新しい疑問が頭をもたげてきた。同じ場所で続けるのか、それとも新しい場所か。用を足した場所に目印を残しておくのか、それともまき散らしておいたほうがいいのだろうか。犬のように土を被せて証拠の隠滅を図るべきか。そうなると真っ先に必要となるのは鋤、鋤はどこに置いてあるのだろう。

トイレのないこの慎ましい家にさらに頻繁に出入りするうち、こうした考えであれこれ悩むことにも慣れっこになった。こちらに家を建てる前、ここに滞在するようになってまだ日も浅いころ、遅い食事を済ませたら家に泊まっていけとグミはいつも勧めてくれた。中庭のある家は大きくて、寝泊まりできる二〜三の空き部屋に事欠くことはなかった。温かいもてなしに私は喜んで応じたが、夜半の用足しのことは十分に覚悟していた。

夜の儀式はいつもながらの悪夢である。グミの地所は農業を営む小さな集落の端にあり、電気がこの家に通ったのはわずか数年前にすぎない。集落を貫通する道にはまだ街灯もなかった。村人は真っ暗闇に慣れているので、夜のなかでも難なく歩きまわれた。私といえば度の強いメガネをかけているうえに、明かりが申し分なく灯された時間でも夜目はあまりきくほうではない。それだけに真っ暗な裏庭に夜半前後に出向くのはトラウマになりかねない経験だった。片方の手で懐中電灯を操りながら、漆黒の夜の闇のなかで用を足さなくてはならない。

しばらくするとそんなことにも慣れ、「ちょっと外に」と言わずもがなのひと言を平気で口にするようになっていた。この問題についてこれ以上気を揉むことはなかったが、それも数か月ぶりにふたたびこの家を訪れ、裏庭のお気に入りのスポットに出向くまでのことである。久々にこの一角を改めて目にしたとき、それまでの訪問で残してきた痕跡はとるにたりないものではなく、いまや鼻持ちならないほど目につくことにおそれおののいた。犯人は私だと気がついて愕然とした。

「このティッシュペーパーが微生物で分解されるタイプでありますように」と私は自分に言い聞かせた。「誰もトイレットペーパーは使わないのかしら」

まったく恥じ入ってしまった私は、これを始末しなくてはならなかった。ビニール袋と火ばさみを取りに戻り、真夜中に忍び込んだ泥棒のようにして自分が残した紙屑をつまむと、近くのゴミ置き場に捨てた。

モソの名前を授かる

地元の人が口にしやすい名前をつけることも土地に溶け込むひとつの手だ。はじめてこの土地を訪れたころ、私は「阿虹《アー・ホン》」と名乗っていた。家族が私をそう呼んでいる。「虹《ホン》」は「恵虹《ワァイホン》」という二文字からなる私の名前の下の字で、中国の古くからの習慣に従い、孫全員の命名の権利と義務を負っていた父方の祖父がこの名前をつけてくれた。最初の「恵《ワァイ》」という文字は、私が娘で祖父の曹《チュウ》から三代目の世代であることを意味した。私の従姉妹は全員「恵《ワァイ》○」という名前で、「○」の部分には同じ代に属するそれぞれの娘を指す文字が当てられている。私の場合が「虹《ホン》」という文字で、この名前のうえに愛称として「阿《アー》」をつけた。地元の人にも家族のように打ち解けてつき合ってほしかったからである。

「アー・ホン」は大正解で、ある日、誰かが私のことを「馬場阿虹《マチャン・アー・ホン》」と呼んでくれたほどだ。中国語で「馬場《マチャン》に住むアー・ホン」である。確かに牧場の近くに家があるので筋は通っている。この呼び名の音や雰囲気も気に入っていた。四音節からなるニックネームは、二音節を重ねたモソの人たちの名前の響きに偶然にもよく似ていたからだ。たとえばラーヅの名前はチャー＝ア・ラーヅ、ジュアシはジュアシ・ピンズゥオという。私の四音節のニックネームも彼らの名前のように聞こえた。

モソ人の二語からなる名前は、子供が生まれた当日、中国人のように父方の祖父ではなく宗教的な指導者によって命名される。古くは「ダバ（達巴）」という村の土着のダバ教の祭司がこみいった命名式に基づいて名前を決めていた。モソ人の名前はそれほど数がないので、女の子や男の子という特定のジェンダーを示す名前はまったく存在しない。モソ人の友人のなかにも男女で同じ名前の人はたくさんいる。

いまから四百年ほど昔、チベット仏教がルグ湖周辺に伝わったころから命名の仕事はラマ僧たちによって行われるようになった。使えるモソ名が限られてくると、ラマ僧はチベット語の名前を借用するようになっていく。知り合いのモソ人にもチベット語の名前を持つ者は大勢いた。わが家の建設業者であるジュアシもチベット語なのだ。

私は「馬場《マチャン》」のニックネームがとても気に入っていたので、ある年の正月、友人でもあるラマ僧のところに挨拶に行くまで、自分がモソ名を名乗ろうとは考えてみたこともなかった。正月を祝う料理を食べたあと僧侶のドゥオジエ（多告）と話していると、モソ人出身の高僧ルゥオサーン・イシュが永寧に住んでいるという話になった。ルゥオサーン・イシュはチベット仏教の活仏《かつぶつ》で、僧侶としての位階はダライ・ラマやパンチェン・ラマに次ぐ高い地位にあった。この地方には数百名の活仏がいるが、モソ出身の活仏となると人数はごく限られた。

「正月に活仏が戻っているのはめったにあることではない。あの方から名前を授かってみてはどうか」と出し抜けにドゥオジエから提案された。

「これからということ」と私はおずおずと聞き返した。

「もちろん。今日お目にかかれればだがな。これから車で向かい、名前を授けてもらえるようにお願いしてみる」

さっそく出発した。文字通りこの考えに背中を押されてのことではあるが、道中、車のなかでいろいろ考えをめぐらせていると、モソの人間になるうえで、この出来事は私の人生においてきわめて重要なものになると思いいたった。

活仏は永寧にある扎美寺という最古のチベット仏教寺院に住んでいた。荘重な寺院に到着すると、ドゥオジエと私は本堂に通されて返事を待つように言われた。取り次ぎの僧にドゥオジエは私の願いを説明してくれた。

「猊下《げいか》は本日ご加減がすぐれず、直接お目にかかるのはおそらく無理かと思います。ただ、お願いはうかがってみましょう。どうぞお待ちください。お名前は授けてくださると思いますよ」

私たちのほかにも本堂には数名の村人がいた。いずれも永遠に続く呪文にかけられたかのように待ち続けた。つかの間、私はうとうとしていたかもしれない。取り次ぎの僧が小走りに戻ってくるころには、出されたお茶もすっかり冷めていた。

「さあ、これですよ」と言いながら、手にした一枚の紙を見せてくれた。「活仏様はどの名前がいちばんふさわしいか考えるのにいささか手間取りましたが、この名前をあなたのために選びました」

エーチャー・ズオマ（爾車卓瑪）――渡された紙には太々としたチベット文字でそう書かれていた。これが私の新しいモソ名で、土地の女友だちには同じ名前を持つ女性が二人いる。最初の「エーチャー」は「高貴な」という意味で、二番目の「ズオマ」は緑色の仏様を表している。このお姿をした仏様は慈悲と無私の力を備えている。モソの人たちのあいだでは、名前はそれが意味する資質を当の本人に授けると信じられている。二人の友人も私もそれを目指してがんばって生きていかなくてはならない。

モソ名を授けられたからといって、これまでにない洞察や霊感が備わったというわけではない。その点は私も認めよう。しかし、モソの人に「自分はエーチャー・ズオマです」と名乗るたび、ささやかだが新鮮な帰属意識を私は覚えていた。たいていの場合、温かい微笑みが返ってきたし、「それはいい名前だわね」と言われる場合も少なくなかった。

仲間入りを果たした日

ただ、モソの名前を持つことは持ったにしても、衣装のこととなると話はまた別だ。村の大晦日のお祭りにグミの家族といっしょに出かけようとしたとき、どうしても民族衣装を着ていけとグミは言い張る。

「こういうときにはモソの服を着るものよ。私の服を着るといい。手伝うわ」

積み重なった服をひっかきまわし、グミは長くて白いプリーツの多いスカートとその他もろもろのものを引っ張り出してきた。成人の儀式で目にした衣装だ。着替えを手伝ってもらったが、ここでちょっとした問題に遭遇。幅のあるピンク色の飾り帯をグミがとめようとしたときだ。あまり控え目ではない私のウエストと悪戦苦闘を演じなくてはならなかったが、それでも最後にはなんとか克服できた。仕上げとして、頭飾りで私の頭を縛りあげてから解放してくれた。宝飾品が編み込まれているので、この頭飾りは一トンほどの重さがあるのではないかと感じられる。

着替えると極彩色に彩られたキュウリのぬいぐるみになった気がしたが、グミと彼女の二人の子供ラーヅとノーンブ——二人はのちに私の義理娘と義理息子になる——のあとについて歩いていく。ぬかるんだ道をおぼつかない足どりで長すぎるスカートの裾を掲げながら進み、新年のお祭りで賑わう村のバスケットボール場へと向かった。会場を見まわして腰を抜かした。大人の女性で民族衣装を着ているのは私だけではないか。グミはもちろん、ほかの女性も普段通りのブラウスとズボンという出で立ちだ。民族衣装をばっちり着込んでいるのは十代の少女か彼女たちの妹だけである。

わざわざ盛装してきたことに対する唯一の見返りは、ほかの子供たちといっしょに縁起物が入った赤い祝儀袋を村長からもらえたことだった。また、祭りにきていたいちばん素敵な男性に手を取られ、円舞をリードしてもらうこともできた。

現在、わが家のワードローブには三着の民族衣装と二つの頭飾りが置かれている。成人式、新築祝い、転山節とTPOを踏まえたうえでどれを着るかは選んでいる。

もっとも、見た目のうえでモソ人のように振る舞うのはあまり難しいことではない。本当に難しいのは、地元の人のように歩けるかどうかだ。村人と同じように歩きまわることが次に直面した私の課題だった。車輪の発明以前、厳密に言うなら機関車が登場する前まで、土地の人たちは徒歩もしくは馬に乗って移動していた。どこに行くにしてもみんな何キロも道を歩いていた。ノーンブは毎日四十五分かけて学校に通った。農家は作物を入れた籠を背負い、二～三時間かけて市場に出向くのが日課である。彼らにとってちょっとした遠出とは、少なくとも半日以上歩く距離を意味し、その場合、村人は馬の背に乗って目的地へと向かった。

ここにきたころは、私はどこに行くにも足を使っていた。ハイキングブーツを履き、リゲの宿泊先から義理娘と義理息子が住むバジュ（八珠）の集落へと歩いていった。

「ここから遠くはないですよ。半分きたところで落ち合えるから」と子供たちは言っていた。

その中間地点とは小高い丘と谷間の向こうにあり、かたわらで牛が草を食んでいる、狭くてうねうねとした道をたどっていく。海抜約三千メートルの空気の薄い高地を踏ん張っていくので、私にははるかに遠い距離のように思えた。目の前の丘のてっぺんで待っていたラーヅとノーンブを認めたときは、泣きたくなるほどうれしかった。

歩き方をわがものにすると、そろそろもう一段上を目指す潮時と考え、馬の乗り方を習得しようと心に誓った。この土地では小さな子供から本当に年配の老人までみんな馬に乗っている。白状すると、馬のような大きな動物にはいささか恐怖を覚えていたので、私自身それまで馬に乗ったことは一度もない。

もっとも、馬に乗る機会はみずから選んだというより、絶望的な状況に置かれてしまい最後の手段としてそうせざるをえなかったこともある。無謀にも私は、雲南省のルグ湖から隣接する四川省の亜丁《ヤーディン》自然保護区にいたる茶馬古道を八日間かけ、キャンプで寝泊まりしながら歩いてたどるという少人数のツアーに参加していた。ヒマラヤ山脈東端の尾根を縦断するコースをともなう長いハイキングだった。途中、絵のように美しい山岳地帯を登ったり、轟音をあげて白く泡立ちながら流れる川沿いを歩いたりした。高原を生息地とする野牛ヤクの群れも見学したし、緑なす草原に咲き誇るつつじの匂いをはじめて堪能し、山頂では香り高い白雪茶を摘んだ。雪を戴き、ひときわ高くそびえる三つの峰、チベット人の聖地ミニヤコンカ（貢嘎山）の威容におののきながら立ち尽くした。

このツアーは茶馬古道の一部を歩いてみる格好の機会だ。古道は広大な山岳地帯に切り開かれた街道で、交易者たちは過去千年、この道をたどり、ヒマラヤと接する中国領で育てたお茶をチベット、さらにその先の土地へと運んだ。いにしえの交易者は茶と交換にチベット産の馬を連れて帰ると、中国の帝国軍に馬を売っていたという。進取の気性に富みつつも我慢強い遠い昔の商人は、重い荷物を背負った馬やロバとともに歩きながら、長い馬列を組んで遠路の旅へと向かった。

一行はやる気満々の三名のシティーガール、それぞれの荷物を積んだ三頭の馬と二頭のロバの口取りに二名の馬丁がついている。山岳ガイドは一日二十五キロのペースで歩けると目論んだが、大半は登り詰めの道だった。四日目、標高四千五百メートルの高原にたどり着いた。

この時点で私はどうにも我慢できない高山病の症状に苦しみ出していた。顔や手がむくんで、頭がずきずきと痛む一方、もうくたくたで動けそうにもない。

「降参。もう一歩も無理。お願い、ベースキャンプに連れていって」とガイドに泣きついた。

相手は「だめだ」と答えるばかりでにべもない。

それっきり何も言わないまま、ガイドはずんぐりした役馬の背中からキャンプ要具を降ろすと、代わりに木製の小さな鞍を乗せ、私を抱え上げるやそのうえに置いた。これが私の生涯はじめての乗馬である。

このときの乗馬は手ぬるい初心者向けではない。おそるおそる手綱を握り続け、乗馬のリズムにもだんだん慣れてきたころ、夏のどしゃぶりの雨にはじめて見舞われた。いったんとまって雨具を装備する。ふたたび出発したときには山の小道は沼のような泥道になっていた。私の体重がかかり、哀れな馬は幅員のない道をビチャビチャと音を立て、押しつぶされながら前へ前へと歩を進める。ふらつく一方の乗り手とは違い、とぼとぼとした足取りではあるが確実に前へと進んでいった。

それから数日登りの道が続いた。コースでもっとも高い五千メートルの地点へも馬で到達した私は、登り坂も下り坂も前傾姿勢をとる技術がマスターできたと安堵した。そして、亜丁のすばらしい自然保護区に到着するころには、モソ人のように馬を乗れるまでになったと覚った。

ルグ湖に戻った私は自分の乗馬術をお披露目しようと思い、その年の夏の転山節は馬に乗って出かけた。民族衣装を一部のすきもなく着込んですばらしい馬にまたがった。馬が背にまとう毛布には赤と金色の龍があしらわれ、これにぴったりの縁取りがされている。馬の首につけられた鈴を鳴らして進むと、人だかりが二つに割れていく。

馬と乗り手は祭りの華となった。会場に乗り入れていくと、私だと認めた土地の人はうなずいて微笑んでくれた。絶好なシャッターチャンスとばかりに、熱心な観光客の一人が手にしたカメラをこちらに向けて駆けよってきた。シャッターを押し続けながら、連れの友人に声をあげる。

「早く、早く。ほら、モソの人だぞ」

アーミーグリーンの4WD車を買う

この土地を除けば中国は国をあげて駆け足《ギャロップ》で二十一世紀に突入していった。北京に向かう高速道路にはフェラーリが疾駆して、昆明市の車道には電気自動車が走るようになったが、こうした都会人の変化にモソのど真ん中に住む人たちはわれ関せずとしてきたわけではない。

マッチョなモソの男たちにとっていちばんの夢は、自分のバイクを持つことなのだ。もう少し豊かな家の男性なら家庭向けの小さな自動車を乗りまわし、さらに地元で言うところの本当に豊かな家の男性なら、数少ない舗装路でランドクルーザーかＳＵＶを颯爽と乗りまわしている。

車はどうしようかと考えることが私にも何度かあった。運転できずにさみしい思いもしていたし、車を使ってもっと動きまわってみたいとも考えていた。この話をたまたまわが家の建設業者ジュアシに話すと、相手は興奮を包み隠そうともせず、ただちに私の購入代理人としてみずからを任じた。「絶対に大型の四輪駆動を買うべきである」ときっぱり言い切ると、「これなら山道でもだいじょうぶだ。それから車高も十分あるかどうか確かめておかないといけない。このあたりの道は落石が多いんだよ」とつけくわえた。

車を購入するために最寄りの麗江市に出かけるという日、ジュアシは地元で整備工を営む友人と数名の男友だち、親戚の者からなる随行団をともなって現れた。一行八名は自動車販売店のショールームへと一路向かった。展示されたSUVの列に案内されたとたん、全員の目がきらきらと輝き出した。男たちは購入委員会を結成すると、各モデルのエンジンを調べたり、車高の高さをチェックしたりしている。お菓子屋さんにいる子供さながら、あれこれ目移りさせ、大人向けの車を私にかわって購入する喜びに熱中していた。

「この車がいちばんだ」と購入委員会との協議を経て、整備工の男性がお墨付きを与えてくれた。彼が指さした三菱の白い車は私も気に入っていた。

「でも、白はだめ。色は絶対にアーミーグリーン」とここでジュアシが割り込んできた。みんなもうなずいている。

「どうしてグリーンなの」。この件についてなかなか口を差しはさめないでいた私は問いただした。

「地元の公用車やお偉いさんの車といえばたいていアーミーグリーンだ。こんな緑の車を運転していれば、警官も車は停めなんかしない。VIPが乗っていると思って、道路にいる連中もみんな道を譲ってくれる」

　これで決まった。購入委員会もこれに票を投じた。あとの問題は私が支払いを済ませ、緑色の怪物を運転して帰るだけとなった。

　それから数日後、友だちに会おうとバジュの集落に向かっていたときだ。友人の僧侶ドゥオジエが車を運転している私の姿を目にとめた。

「車の祝福はもう済まされたか」

「祝福って、車にも授けるものなの」

「もちろん。安全祈願である」

　ドゥオジエはその場で儀式をやろうと申し出てくれた。彼の家の前に駐車すると、仕事道具を取り出した本人のかたわらで私も並んで立ち会う。まず車のボディーに聖水を振りかけた。運転席側のドアを開けると、お祈りに使う真鍮の鉢から米粒を車内にまいている。その間もドゥオジエは経を唱え続けている。

「あとできれいにしなくちゃ」と私はそんなことを考えていた。

　儀式の最後にドゥオジエは長い黄色のスカーフを取り出した。

「この〝ハダック（哈達）〟はありきたりのものとはわけが違う。ラサのポタラ宮で祝福を受けたハダックだ」。そう言いながら、厳かな様子で黄色い絹布に結び目を作ると、運転席うえのバックミラーから吊した。

「これで交通事故にあうこともあるまい」とドゥオジエは断言した。

モソの田舎道で車を運転する場合、土地ならではの礼儀作法というものがある。〝隣人は相身互い〟という掟だ。道を歩いていく知人がいれば、車の持ち主には乗せてあげることが求められている。ある日、グミの家のギジが運転する小型トラックに乗せてもらっていると、買い物の籠を背負った五人の女性の一行とすれ違った。ギジは車を停めると町まで乗せていくと申し出た。みんなうれしそうにトラックの荷台に乗り込んできた。さらに数分後、道のかたわらに立っていた年配の女性と孫娘がギジを呼び止める。二人も荷台に加わる。十人の村人が荷台に乗り込むまでに大して時間はかからなかった。

このルールは私も頭にたたき込んでおいた。以来、可能であれば通りがかりの人はいつも車に乗せることを習慣にしてきた。一度、十代の娘を連れた女の人が必死になって手を振っていたことがある。車を停めると、少女の足からおびただしい血が流れていてびっくりした。

「早く乗って」と助手席のドアを開けながら母親に言った。

親子が乗り込む。

「病院ね」

うなずいた母親の手はその間も娘の傷をしっかり押さえている。

制限速度を無視して車を飛ばし、十分とたたないうちに病院に到着した。

友だちに乗車を申し出ると想像もつかない目に出くわすことがある。山羊飼いの若い友人に結婚式に呼ばれているので車に乗せてくれないかと頼まれたことがあった。よもや生きている山羊を引き連れて車にやってくるとは思いもしない。

「この山羊は新婚さんへの贈り物だよ」と言う。

これほど活きのいい結婚祝いは生涯目にしたことはない。相手は山羊を袋に詰めると車のトランクに乗せた。道中、結婚式のプレゼントはずっと鳴き通しだ。ようやく到着してトランクから降ろされた。友人は事もなげに荷物を持ち上げて袋から山羊を取り出すと、プレゼントを引き連れて意気揚々と立ち去っていった。

文字を食べてしまった人たち

モソの人たちのような健脚は身についたが、土地の人と同じように話すのはそのころまだできなかった。モソ語の習得はこれまでの経験のなかでもいちばんの難題になる。モソ語には書き言葉がないからだ。モソ語は完全な口頭言語で、口伝えによって代々受け継がれてきた。そのためモソ人は言葉を紙に書きとめることはいっさいしない。ただ、若い世代は違う。二十年ぐらい前から学校に行く機会に恵まれたおかげだが、彼らよりもうえの世代は文字通り読み書きができない。

書き言葉を失った物語として、地元の人たちが好んで語っている話がある。ナ（納）族の人たちは昔から文字を持っていた。学問があるダバ教の祭司も昔はモソの言葉で読み書きをしていた。文字はヒエログリフの形をしており、その痕跡はダバ教の宗教儀式でいまも使われるいにしえの聖なる杖に見ることができるだろう。ただし、そこに記された古代のシンボルはもう誰にも読み解くことはできない。

文字喪失の物語とはこうである。昔、二人のダバ教の祭司がいて、大切な勤めを果たすために遠方の村に向かった。二人は当時の習慣に従って経典を携えていた。豚皮でできた経典には古い言葉で経文が刻まれていた。

苛酷な天候に阻まれ、二人の旅は予定よりも大幅に遅れてしまい、食べ物も底をつく。空腹と疲労でいったん休もうということになった。疲労困憊のあまり遠く離れた山に入り、食べられそうな草木を探すこともできない。途方に暮れたとき、二人は同じ考えを抱いていたがいに顔を見合わせた。

「経典の皮を茹でてしのごうか」

こうして経典に書かれていた最後のモソ語の文字は、二人のダバの消化器官のなかで消滅してしまった。

文字になじんだ者には口頭言語の習得は狐につままれたようなものである。それまでの人生、私はきわめて一般的な方法で言葉を覚えてきた。言葉を目で確認しながら紙に書きとめ、同時に耳で言葉を聞き、それから何度も繰り返して口にする。幼稚園から小学校のころ、私はそうやって中国の標準語《マンダリン》を学んだ。そして、十一歳のときには同じ方法で英語学習を始めた。読んで、書いて、聞いて、話すという四つの要素はすべてがひとつになってこそ効果が発揮される。それだけにモソ語は耳と口だけの世界だと気がついて、読み書きの部分が棚上げにされてしまえば、ひどくまごつくのは当たり前だった。

いまだにモソ語が習得できないのは私の勉強不足のせいというわけではない。友だちを相手に何度も何度もモソ語を繰り返してもらった。しかし、その音はちんぷんかんぷんで、中国語や英語はもちろん、かじったことがあるフランス語やイタリア語、スペイン語ともまったく似ていない。慣れていない私の耳には、「ヅ」「クラ」「ジ」「ンニャ」のように聞こえる子音は、ロシア語のようによそよそしく響いてくる。さらに厄介なことにモソ語の構文は私が知っている言語の語順とは逆で、主語に続いて目的語が前に出て、動詞は文の最後に置かれる。

よく知るアルファベットの音でモソ語の音を真似ようと工夫したこともあったが、これはみごとに失敗した。書きとめた言葉を繰り返すという荒っぽい方法の場合、私の口から出てきた言葉はまったくの別物で、モソの友人には理解不能だった。専門書にあったアルファベットを使った別の方法についてさえ試みたが、その方法もまた私の理解の及ぶところではない。どれだけがんばってみても、これだという方法は見つからなかった。

いまのところ簡単な会話程度のモソ語は操れるようになり、さらに話を進めたいときには標準語に頼るようにしている。

土地に溶け込もうという目論みがある程度実を結び始めたころ、限られた滞在は徐々に日数を延ばしていき、訪れる機会も増えていった。結局、年に最低でも三回から四回は訪問するようになり、そのたびに二か月はモソの家に滞在した。シンガポールとルグ湖の行き来にも慣れ、私はせわしない都会生活とそれとは異なる山あいの牧歌的なリズムをコントロールしていた。

それはまったく別の二つの生活を送っているようなものだ。片方の足はシンガポールの自宅に置きつつも、シンガポールとは異なる土地と環境にもう一方の足を根づかせることを私は選んだのである。

根っこの部分では、シンガポールの弁護士として熱狂的な日々を過ごしていた前の生活を懐かしく思い返している。当時、アムステルダムとサンフランシスコに住む家族や北京やロンドンで暮らす友人のもとを訪れてはひと息入れていた。私にはかけがえのない楽しみで、いまでも変わりなく続いている。

もうひとつの別の人生では、私は中国の未開の地で暮らしている。その地では何百年前の昔の母や父が送っていたのと同じ流儀でいまも人びとは日々を営み、土を耕して家畜の世話をしている。ルグ湖の隔絶した生活に逃げ込むことは心地よかった。以来六年、モソの人たちに交じってなんとか生活していくぐらいの力が私にもあることは証明できた。

滞在中はモソの友人といっしょに過ごしている。彼女たちに囲まれていると、自分はよそ者でなく、身内として扱われているのを感じる。ごく親しい友人が人生でも重要な意味を持つ儀式を迎えたとき、私は地元の招待客の一人として名前を連ねた。内々の食事でも席を同じくできる唯一のよそ者が私だ。村の行事や成人式、お葬式には顔を出すのが当たり前だと思われている。とにもかくにも彼女らの生活の一部になれたことが私にはうれしい。

多くの点を踏まえると、自分が女であったから女の世界に歓迎されたのだと、私は心の底から信じている。女が支配するこの幻のような世界では、好き勝手に生きている独身女でもいぶかしむ者は誰もいない。女性にせよ男性にせよ、モソ人が力強い女の存在になじんでいるのは、なんといってもどの家にも強い女性がいるからだ。さらに言えば、女性性を称賛するこのコミュニティーを動きまわることに私がいかに居心地のよさを覚えているのか、モソの友人もその点はよくわかっているのだと思う。おたがい思うところは同じ、そんなふうに理解しあっているのは確かだ。

そのこと自体が天啓で、衝撃のすべてを私はまだ十分に了解したというわけではない。ただ、あるがままの自分が受け入れられる環境で、これほど伸びやかでいられるのはそれまでの人生で経験したことはなかった。奇妙な話だがこれは本当だ。自分が女であることが認められ、勇気づけられ、それ以上は何も問われない宇宙にすっぽり包まれた感じがする。これ以上くどくど話すこともないだろう。自分の意見を口にしたり、何をしようか考えを話したりしても無視されたと感じたことは一度もない。女性の待遇問題をめぐり、無視する風潮やあからさまな敵意に挑んでいく必要も一度として感じたことはなかった。女だからという理由で押しつけられた無理強いに食ってかかったり、ぶつかったりしたことも断じてない。モソの人たちといっしょだと、理屈抜きで心からくつろげる。

ひとつの村と出会うことで、私のなかの企業弁護士は砕かれ、その代わり家母長制の部族によって私の生まれついての心に女性であることを尊ぶ意識が築き上げられていった。それについては私自身、今日にいたるまで驚きどおしだ。

第4章　迷宮に生きる人たち

男性に課せられた仕事

よそ者の目からモソ人の世界の探究を始めたばかりのころ、転山節で十代の女の子が私の友だちになったことで、事態は思いもかけなかった展開で動き出した。この子が自分の家族につながる扉を開けてくれたことで、最後にはモソ人のコミュニティー全体へとつながる扉が開かれていった。

ラーヅは私が出会った最初のモソ人で当時十四歳、人なつっこい笑顔をした娘だった。挨拶を交わしながら、私はモソ語を覚えてみたいとラーヅに頼んだ。

「教えてくれる」

「もちろんです」と二つ返事で答えてくれた。

「じゃ、これからは〝先生〟って呼んだほうがいいわね」

「だめだめ。とんでもない」と相手は言い張る。「大人に対してへりくだるのは私のほう。だったら〝お母さん〟と呼んでもいいですか」

「もちろんよ」と深く考えもせず応じたが、行きがかり上結んだこの関係がその後の自分をどこまで導いていくのかについて私はまったく気づいてはいなかった。以来、彼女の愉快な家族に見守られながら、私たちは仲のいい友だちになっていく。モソ人をめぐる私の冒険はこうして始まるが、いまにして思えば、女性ならではの絆を結んだことが、女の王国に入っていくうえで都合がよかった。

私の義理娘となったラーヅは、モソ人の母親と彼女と長く連れ添ったアシアとのあいだに生まれた最初の子供だ。アシアとは、慣習法でいうところの母親の連れ合い、つまりラーヅの父親と考えると理解しやすい。ラーヅの父親はモソ人ではなくプミ（普米）族の出身だ。プミ族は言語や風習の点ではモソ人に似通った山岳民族だが、母系社会ではない点がモソ人とは異なる。父親は威厳にあふれるモソ人の女性に出会うと自分の家族のもとを離れ、ラーヅの母親が住む農家に移り住んだ。以来ここで生活している。

ラーヅが生まれたとき、この子は母親と母親のアシアには喜びとなり、母方の祖母にとってはなにより最愛の孫の誕生になった。祖母には最初に授かった女児の孫だったからである。ラーヅより先に二人の孫が生まれたがいずれも男児だった。モソ人の習慣にのっとれば、女児の孫によって母系の血筋が途切れることなく続いていくので、祖母は無上の喜びを授かったことになる。

中国のほかの社会の祖母たちは女児の誕生にどんな反応を示すだろう。比較してみるとまさに正反対の様子が見えてくる。その昔、中国の祖母たちは女児の誕生を災いだと見なした。とりわけ、代々女児ばかりが誕生する家系ではそうである。理由は母系制を尊ぶモソ人とはまさに真逆だ。父系が重んじられる中国の家庭では、男児の誕生こそ慶事にほかならない。父方の姓を継ぐ男性の跡取りが不在では、父系の血筋が絶えてしまう。現代の中国でさえ、男子よりも女子のほうが捨て子にされやすいのだ。

ラーヅの三つ下の弟がノーンブで、私がしかるべき作法に従って成人式を執りおこなったあの男の子だ。ラーヅが私を義理の母親に選ぶと、ノーンブは「僕も子供にして」と言い張った。当時のノーンブは十一歳、機転がきいて茶目っ気があり、元気のかたまりのような男の子だった。もちろん、私は難なく口説き落とされていた。

子供を産まないままバツイチとなった私は、離婚後、ほかにも何人かの子供たちの義理の母親を務めていた。そのなかに新しく加わった二人は、女神祭りの会場で別れる際、ぜひ自分たちの家に招待したいと熱心に誘ってくれた。姉弟の説明だと、家は女神山の向こう側の小さな集落にあるという。翌日、運転手とともに訪れると、二人の母親は玄関先に立つ見知らぬ人間を見て目をまわしていた。「あら、どうしよう。二人とも私の訪問を言い忘れていたようね」と思った。

ぎこちなく会釈しながら挨拶すると、うれしいことに相手は穏やかな微笑と温かい歓迎でこちらの挨拶に応えてくれた。子供たちは私を自分たちのガンマ（乾媽）だと紹介していた。ガンマは中国語で義理の母親や後見人を意味している。

「二人のガンマで私よりも年上だから、あなたのことは〝アムウ〟と呼んでいいかしら」と姉弟の母親は言った。アムウ（阿木）はモソ語で「姉」を意味する。「私のことはグミと呼んでね。モソでは妹のことをグミと呼ぶの」

グミは気後れすることもないまま、昼食を食べていけと誘ってくれた。のちに知ったのは、モソの人たちはだいたいがこんな調子で、客をもてなすことに躊躇はせず、招待していない客でも変わらずに歓待してくれる。

「鶏と家鴨、どちらがいい」

「鶏でお願いできるかしら」と答えたものの、自分のこのひと言が中庭でコッココッコと騒いでいる一羽の運命に思いのほか早い宣告を下していたことには気がまわらなかった。

「おやすいご用よ」と答えると、グミは「ノーンブ、捕まえて」と命じた。

あとは無用とばかりにノーンブはさっそく鶏の群れを追いまわし、いささかてこずったもののなんとか一羽を追い詰めた。両の蹴爪のところを器用につかむと、昼ご飯を母親に差し出す。ただ、受け取ったグミは鶏の脚を縛ってかたわらに置いておくだけだ。鶏には目もくれないまま台所仕事を始めたグミに私は拍子抜けした。

鶏の件が持ち出されたのはそれから一時間後、彼女のアシアが帰ってきたときである。グミは次のように言って相手に伝えた。

「そこに鶏ね」

こちらもあとは無用とばかりに、アシアはただちに了解した。大きな肉切り包丁を手にすると、鶏をつかんで一気に首を切る。羽をむしり、なかをきれいにして肉を切り分け、あとは調理するだけという鶏肉をグミに渡した。

「鶏をつぶすのに、どうして彼の帰りを待っていたの」

「私たちモソの女は生きものを決して手にかけてはいけない。死んだ人の体にも触れてはいけないし、火葬の準備にもかかわってはだめ」

まさに自分の目の前でモソ人ならではの生活の一端が繰り広げられていたのだ。それはノーンブが鶏を追い詰めたことに始まり、鶏をつぶして囲炉裏の薪のうえにかざし、調理の準備が整うまで続いた。その特異ぶりとは詰まるところ、モソ人の社会における女性の格別な位置づけなのだ。新しい命の源泉は女性に宿ると考えられ、モソの社会では命と光を体現する存在として、女性の聖性が信じられている。

命と光を守り続けるとは、直接的にせよ間接的にせよ、生きものの命を奪ったり、あるいは亡骸を扱ったりするときには、とにかく死を遠ざけるということを意味している。絶対に犯してはならないタブーを守るため、モソの女性はいかなる動物、あるいはいかなる生きものの命を奪うことはないし、決して奪ってはならない。不浄の仕事を担うのは男性なのだ。女性が決して命を奪わず、奪ってはならないように、葬儀の際、亡骸に触れたり、儀式の準備を整えたりするのは男性が営み、男性が執りおこなわなくてはならない。このあまりうれしくない務めをモソの男性は果たさなくてはならないのである。

その最たる例として思い返したのが、私の昼ご飯として鶏の命を奪うため、アシアの帰りを待つグミの姿だった。その後も農家で家畜が処分されるたび、同様のシーンがたびたび繰り返されるのを目にすることになる。女性はその場をはずして目を閉ざし、男性がその間に命を奪ってきれいに整え、食肉の用意が整ったら家のなかに戻ってくる。

なんとも思いやりにあふれ、保護者然とした振る舞いにモソの女性がうらやましくなった。自分は特別な存在だという思いを抱き、女に生まれたことを彼女たちも喜んでいるにちがいない。これは中国の極端なほどの亭主関白な家庭で、自分が経験してきたこととはことごとく違っていた。私の祖母は家族の料理を一人で賄っていたうえに、たとえば鮮魚をさばいたり、鶏や家鴨を処理したりする仕事も含め、台所にかかわる用向きの一切合切をこなしていた。一家の男たちは下働きのような女々しい仕事にはまったくかかわろうとはしない。

財布の紐は女性が握る

モソ人の生活で女性が持つ特別な位置づけについて物語るということでは、ラーヅの家の場合、話はこれだけでは終わらない。たとえば、ラーヅが住んでいる家は母親のもので、父親のものではないのだ。

「この土地は私のもの。アシアがきていっしょに暮らすと母に話したら、自分の土地の一部を分けてくれたの」とグミに教えてもらった。

グミと彼女のアシア——私はモソ語で弟を意味する「ギジ」という呼称で彼を呼んでいる——の家は、矩形の中庭を持つ簡素な家で、庭の四方を松の丸太で組んだ建物に囲まれている。中心は〝祖母の間〟として知られる主室で、多目的で使われる大きな部屋だ。モソの家がすべてそうであるように、グミの家でもこの部屋はさまざまな使われ方をしている。ここは一家の祖母の居室であると同時に、部屋に設けられた囲炉裏は一家の暖炉として暖房兼コンロを提供している。この部屋は台所であり、居間であり、食堂なのだ。さらに家で育てた豚の塩漬け肉をぶら下げて保存する冷暗所としても使われている。

中庭に接するほかの三面の建物には四つの居室のほか、一家の耕作地で収穫された穀物やジャガイモを貯蔵しておく部屋が三室ある。現代の風潮を受け入れ、グミとギジもいちばん大切なテレビ室兼一家団らんの部屋をきちんと設けていた。中庭の外側に建つ納屋は畜舎として使われ、子豚や鶏、家鴨やガチョウのほか、耕作地で働く水牛や役馬が飼われていた。豊作の年には乳牛や乗馬用の馬が加わる。

住居裏のグミの農地は約七畝《モウ》（一畝は約千二百坪を少しうわまわる）の広さがあり、一家で食べる米や市場で交換するぶんの米が栽培されているほか、家族や飼育する生きものが食べるトウモロコシやジャガイモが作られている。グミの家では牧畜はしていないが、近所の農家のなかには肉や羊毛のために山羊や羊を世話する家もある。

自作自給を旨とする農場と家のオーナー兼マネージャーはグミその人で、もちろんこの農場を仕切っている。トップとして農場に関する計画をすべて考え、植え付ける作物の選定や収穫時期、飼育する動物の種類や頭数と何から何までを決めていた。グミは口先だけではなく身をもって実践するタイプのボスで、計画の実現のためみずから額に汗して働いた。荷物の上げ下げや、力のいる面倒な仕事ではギジの手を当てにしたが、それ以外の厄介な農作業の大半は自分でこなしている。朝、豚が食べる草を刈るために鎌を持って出かけ、籠一杯の草を背にして帰ってくる。手作業で草を刻み、大きめのみじんにしたジャガイモ、米糠を混ぜて豚の夕ご飯を用意すると、ほかの納屋にいる家畜や鶏にエサを与える。米やトウモロコシ、ジャガイモの苗を植え付けたら収穫して貯蔵した。毎日の食事を用意し、家族だけではなく、動物たちの食事も十分なのかと気にしている。だから、家の財布の紐はグミが握っているのももっともだ。グミのお膳立てにギジが従っている点が私には見逃せない。

「お金はグミの係だ。作物や家畜を売ったお金はグミが手にしている。木こりで稼いだ手間賃もぜんぶグミに預けている。小遣いはグミからもらっている。お金についてはグミの決めたことにまかせるしかないんだ」

女性が一家に君臨するグミの立場になれるなら、中国の女はどのような犠牲も厭わないだろう。中国の伝統的な田舎の村では、財産について男性と同等な権利が女性には認められていない。一家の父系の血筋にあくまで従って財産は祖父から父、父から息子へと受け継がれていくだけだ。一家の主婦には家計についていかなる権利も与えられていない。采配はすべて夫が振っている。もっとも最近では家計を担当する主婦も徐々に増えつつあるようだが、その場合もたいてい夫が財布の紐を握り、当座のお金を渡しているだけにすぎない。

中国都市部のいまどきの家庭では、こうした男性優位の習わしも薄れつつあるように思える。それは女性が教育を受け、夫と同じように外に出て働いて収入を得るようになったことにもっぱら負っている。だが、それでも根っこの部分は変わらない。北京で起業したよく知る親友がいる。彼の両親はともに大学を出ており、中流クラスの仕事についているが、父方の祖父母は中国の田舎で農業を営んでいた。

「両親が年老いたら、長男として二人の面倒を見るものと思われている。そのお金も大変なことになってしまうよ。でも、妹に面倒を見てもらおうとは考えていない。妹はもう結婚して子供もいて、夫の家の人間だから当てにはできないんだ」。家父長制の影響について尋ねたとき友人は答えた。

助けたり助けられたり

グミが暮らす世界に話を戻そう。彼女がどのように農業を営んでいるのかを知ることは、私にとってコミュニティーで暮らすうえでの勉強になった。ある日、グミから電話がかかってきて、家にくるならその年の田植えの日に合わせてはどうかと言われた。

「田植えは明日よ。見にいらっしゃいよ」

翌朝グミの家に行くと、中庭には何人もの女たちが集まっていた。熱々の饅頭とお茶という朝食を食べ終えようとしていた。

「じゃあ始めましょうか」と長いスカーフを頭に巻きながらグミは声をあげた。足は裸足だが、長袖の服と作業用のズボンという身なりで、グミと八人の友人は家の裏手にある田んぼへ向かった。

めいめい稲の苗束を手にしたまま、全員が水田のなかに踏み込んでいった。苗はグミが畑の隅で前もって発芽させておいた。そのまま水が張られた田んぼを進んでいくと一列に並ぶ。

まるで合図に合わせたかのように、全員がいっせいに作業を始める。苗を束から分け、前に屈むと、一本ずつ真っ直ぐに植えていく。九人の女たちは息を合わせて植え続け、ペースをどんどんあげながら一列目を終える。巧みに足をさばいてスタート地点に戻ると、今度は隣の列で苗を植え始める。

三列目に取りかかったときである。グミが前触れもなく歌声をあげた。集落ではグミは美声の持ち主として有名である。土地の民謡にほかの女たちの声が加わり、たがいに励ましあいながら作業を続ける。太陽が真上にくるまで、我慢強い女たちは倦むことなく苗を植え続けた。

みんなの食事を用意しようとグミは家に走っていった。頭から足元まで全員びしょ濡れになって戻ってくるとひと息入れ、それから手を洗って軽い昼食をとった。

食事を終えると「さて、いいかしら」とグミが声をかけた。

家を出て田んぼに戻り、一行はさらに数時間に及ぶ辛い作業を再開した。午後の日差しを背中に受け、みんなの勢いも弱っていくのがわかる。しかし、夕暮れが迫り、グミがひと言かけるまで仕事は続けられた。

「そろそろ時間よ。さあ、引き上げましょうか」

誰もが疲れた笑みを浮かべながら、とぼとぼとした足取りでグミの家の中庭へと帰っていった。全身泥だらけだったので順々に手や足を洗う。夕食を待つあいだ、みんなおしゃべりに興じながら時間を過ごしていた。一日がかりの仕事だったとはいえ、植え終えたのはグミの家の田んぼの半分だけ。明日もう一日仕事が続く。

「あなたの友だちだけど、どうしてみんな快く手を貸してくれるの」と、食事の後片づけを済ませたあとでグミに聞いてみた。

「ここ何年か、みんなと私は毎年助け合いながらやっているの。田植えの季節になるといっしょになってみんなで働いているのよ。今年は私の家から始まったけれど、うちの田んぼが終わったら、今度はこの人の家の番よ」とグミは言いながら、さっきまでいっしょに皿を洗っていた女性を指さした。

「どの家の田んぼも田植えには二〜三日かかるわ。しかも、田植えは月末までにすべて終わらせなければならない。私たちには、田植えは貸し借りで進める仕事なの。みんながうちの田植えを助けてくれたら、お返しに私もみんなの家の田植えを手伝っている。田植えみたいな仕事はみんなでやったほうがずっと早く終わる」

「手助けの貸し借りを忘れてしまったことはないの」とグミに確かめた。

「一度もないわよ」と答えた本人は一度も学校に行ったことはない。「私たちは全部きちんと覚えている。助けたり、助けられたりしたことは、どんなに昔だろうと関係ないの」

ある種の労働交換とも言える革新的な方法だ。そこにうかがえる共同体の意識に私が感じ入ったのは言うまでもない。この方法がモソ人独自のものかどうかは知らない。だが、この件で私は、数年前、中国南部にある祖父の出身村を訪れた際に経験した、これとは対照的な出来事をまざまざと思い返していた。

田植えの季節にやってきた私は大胆にも、村の女たちといっしょに近所の田んぼに入って苗を植えることにした。長靴に履きかえ、手袋をしてから、田んぼに入って女たちの列に加わった。労働交換の計画に基づいた手助けとはまったく異なり、私たちはお金のために田植えをしていたのだ。その日の午後、黙々と苗を植え続けた報酬として二十元が支払われていた。

モソの人たちに見られる共同体精神は決して半端なものではなく、時には説明や要請もないまま、時には快く、もしくは進んで助けの手が差し伸べられる。春節の最中、バジュの集落にあるグミの家に行こうと車を走らせているときだった。途中、騒動に出くわした。みんな空のバケツを手にして叫んだり、走ったりしている。向かっている先に目を向けてびっくりした。近くに建つ家が立ちのぼる炎に飲み込まれようとしている。車を停め、私もみんなに加わった。

村人らはすでにバケツリレーを整えていた。池のほとりにいる者がバケツで水を汲み上げると、列を組んだ人たちの手に渡され、バケツは燃えさかる家へと運ばれていった。列の先頭にいる人たちは水をぶちまけると、バケツをそのまま投げ捨てている。

即製の団体行動にできたほつれを目にするや、私はその場に駆けよって空のバケツ二つを手にして池へと走り、バケツを水の汲み手に渡した。大勢の人間が一時間近く懸命に働いたことで、火勢はようやく鎮まる気配を見せた。

町の消防車が姿を現したのはちょうどそのときである。つかの間、作業の手をとめ、助っ人がついに到着したことを喜んだ。消火作業に取りかかろうとする消防士たちを私たちは見守った。だが、何度試みてもポンプは水を汲み上げることができない。まったく何も起こらず、ホースの先から水が噴出することもなかった。見えない指揮者に促されたかのように、ただちに私たちはさきほどまでの作業に取りかかった。地域一体の消火活動の甲斐あって、火も最後には消し止められた。

火を消そうとバジュの村人全員が駆けつけた光景に私は圧倒されていた。この日焼け出された一家のため、村長が寄付といたわりを全戸に呼びかけたと聞き、私はもう感極まっていた。これこそ共同体精神のもっとも優れた美点である。

ただ、共同体の一員として助けを受けることには重い対価がともなう。村落での個々の生活は地域の生活に密接に結びついているので、儀式や行事にはどの家も参加して手を貸すものと見なされるばかりか、そうしなくてはならない義務を負っている。赤ん坊が最初に迎える満月の儀式、子供たちの成人の儀式、新築祝いや葬式など、村で催される儀式という儀式には家々から少なくとも一名が参加して、手伝い役を買って出ることが暗黙の了解だ。こうした者たちがいないと儀式も始められない。

共同体精神は地域社会の財産をめぐり、奇妙な方法で変形を遂げていく力を備えている。以前読んだ古代社会に関する本では、こうした社会において個々の所有物は、個人の私的な財産というより、むしろ共同体全体のものと見なされていたという。理屈のうえでは私もそうした発想は理解していたが、実生活で目の当たりにしたとき、それは頭で理解していたものとは違っていた。

最初に驚いたのは、グミが近所の家に駆け込んで二袋の塩を〝借りた〟姿を目にしたときではなかったかと思う。別のときには、肉を焼く石炭を切らしたからと、友人が自分のおじの家に入っていき、勝手に石炭を持ち帰っていく姿を目撃した。この家の誰の許可も得ていない。石炭を手にした友人はそのまま回れ右をして帰っていくと、ちらりと振り返ることもなかった。

もっと大きなものが共同体の財産として扱われることも珍しくはない。ある日、グミの家にいたときだ。近所の人がぶらりと現れ、一家で使っているオートバイを貸してくれと言う。これから町に行くので足が欲しいのだ。ギジは何も言わないままオートバイのキーを手渡した。相手はオートバイに飛び乗るとそのまま出かけていった。

「あんな調子で家のオートバイを貸したけど、詳しい話は聞かないの」と私は信じられない調子で尋ねた。

「別に聞かないね」とギジは答えたが、そもそもこの手のお願いを拒否する考えが本人にはなさそうである。

「自分も似たような頼みごとを相手にするからね」

そういうわけで、共有財産の概念は小品からさらに大きな品物にまで、つまり袋の塩からオートバイにまで及ぶ概念だと私は理解した。ここまではよかった。モソの人たちのあいだで共有財産の論理がどう実践されているのか観察できたからだ。まだこの時点では、私も理屈のレベルでかかわる観察者にすぎなかった。

現実を思い知ったのは、共有財産という概念がわが身に降りかかってきたときである。ルグ湖周辺の移動用に購入したばかりの四輪駆動のＳＵＶ車がかかわっていた。実に使い勝手がいい車で、不安定な山道や湖畔のぬかるんだ道も軽快に走ってくれる。

長期間にわたり留守にするときには車は置いていき、キーは信用できる友人に託した。ときどき車を動かすときに使うぐらいだろうと簡単に考えていた。その友人が町で車を乗りまわしている姿を見たと別の人が話してくれるまで、私はずっとそうだと考えていた。次にここを留守にする前、私は車の使い方についてもっと具体的な制限を課そうと決めた。

「車の運転はあなた一人だけよ。ほかの人はだめ。観光客を乗せて湖まで連れていくのに車を使わないでちょうだい。私の自動車保険では補償されてないのよ」

「心配には及ばないよ」と答えながら、相手はキーを受け取った。

手配はこれで十分と安心していた。だが、帰ってきてみると、今度は別の人間が私の車を運転していたと聞かされてぞっとした。その全員が観光客を乗せて湖の周辺を走りまわっていたというのだ。キーを預かった友人は私の車で観光客を運んでいただけではなく、この車がまるで自分の車ででもあるかのように友人たちにも貸していたのだ。友人は私の車を共有財産として扱い、こちらの指示などどこ吹く風だった。

個人的なレベルや感情のレベルで共有財産という考えを受け入れようと奮闘はしてみたものの、一連の出来事に私は本当にいらだった。モソの友人にすれば、人の財産を使うことに制限を設けるのは身勝手であり、彼の心に深く刻まれた共有財産をめぐる意識とはなじまない。人の財産に対する屈託のない態度をなんとか受け入れようとあがいてみたが、自分の所有物に覚える愛着を振り払えないことに私はがっくりきていた。ルグ湖で暮らすようになってすでにかなりの年数になるが、私の承諾を得ないまま誰かが私のものを持っていくたびに、そんな思いがいまでもこみ上げる。

共有財産に対して土地の人たちのように振る舞うことはどうしてもできないと悟り、結局、車はジュアシに売ることにした。値引きした価格に応じて、私がここに滞在中は車を使わせてもらえることも了解してくれた。

女たちだらけの家譜

中国の社会と比べながらモソ人について知ろうとするたびに、決まってたどりつく先が家母長制だ。モソ人の家庭を実際に訪れたことは、女性が占める地位の成り立ちを知るひとつの授業であり、とても大切な授業でもある。私も女家長が支配する家をはじめて訪れたときには実に勉強になった。グミの隣村に住む若い女性を車で送ってやったとき、この娘から自分の家に寄っていってほしいと招待された。

彼女の案内でこの家の祖母の間に通されると、ここで一人の年配の女性と二名の若い女性を紹介された。三人とも木製の祖母の寝台のかたわらに置かれた座布団に座っていた。囲炉裏の火を世話している年配の女性に私は微笑みかけた。

「はじめまして。アー・ホンといいます。シンガポールからルグ湖を見にきました」

「ご機嫌はいかがかね。うちはアハ（阿哈）というよ」と答えて煙草を一服した。「さあ、腰をおろしてお茶でも飲んでおくれ」と囲炉裏の反対側を指さした。

しばらくすると、年配の男性が若い男に支えられながら足を引きつつやってくると、女たちと向き合う形で部屋の反対側に腰をおろして一座に加わった。中庭のほうから十代の若い声が聞こえてくる。少なくとも四人はいそうだ。

私はあまり考えもせず、先入観にとらわれたまま、中国の一般的な核家族の構成に従ってアハ一家の家族構成をひそかに考えていた。大世帯のこの一家には年配の祖父とその連れ合いの祖母がいて娘は三人。娘のうち一人がこの若い男と結婚、ほかの娘二人はまだ独身。また、四人の子供は結婚した夫婦から生まれた子供たちだ。ここで考え込んだのが子供の数で、農家の場合、子供は二人までという中国の条例の数を超えている（都市部では各世帯一人の子供と定められている）。この家では核家族に許可された以上の子供をもうけたのだと私は考えた。

しかし、私がいるのはほかでは見られない家母長制のルーツを持つモソ人の土地だ。アハ一家は土地の人が〝母系の大家族〟と呼ぶ家であり、家父長制が支配する核家族のルールは当てはまらない。

伝統的な家父長制家族のプリズムを通して一家を見ていた私がまちがっていた。こうした見方はおそらく現代中国の家庭と関連しているのだろう。中国では男性側の家の血筋を通して父祖へとさかのぼり、息子や娘、さらに息子夫婦に生まれた男児や女児を介して父方の血筋はつながるという神聖不可侵なドグマが存在する。このドグマに基づき中国では一夫一婦制の祖父母夫婦を第一世代にして、息子とその妻の第二世代、息子夫婦から生まれた第三世代の子供という、三つの世代で家庭が成り立っている。

家母長制の一家に対して、家父長制の原理を無理に当てはめようとしていたようだ。アハ一家が住む世界は、男性支配が当たり前の世界とまったく異なるばかりか、まさに対極の世界に位置している。一家の家族構成は、私たちが慣れ親しんだ世界とは裏表の位置にある。誰がアハ一家を作り上げているのかを理解したければ、意図してレンズの向きを変え、もう一方の側から像をふたたび結びなおさなくてはならない。

社会科学の分厚い研究書を手当たりしだいに読み、モソの友人たちと何度も話を重ねたことで、モソ文化の核心部分は母系の血縁に関係しているのだと知った。モソ人の家族はそもそも母方の血統の中心人物の女性、つまり祖母に直接関係する者全員によって構成されている。祖母の血筋を通して女性は先祖にさかのぼり、娘や息子、さらにその娘が産んだ男児や女児を介して母方の血統は継承されていくという犯しがたい原理に基づいている。

スタート地点として、三世代にわたる母系家族の中心線を思い浮かべてほしい。この線は三つの結びつきから成り立っている。第一世代の結びつきは祖母から始まる。同じ母親から生まれた祖母の兄弟はこの関係において〈祖母－兄弟〉として位置づけられている。祖母の姉妹がここに含まれていないのは、通常、祖母の姉妹もまた自身の母系家族をそれぞれ営んでいるからだ。

次の結びつきは第二世代として祖母から誕生した子供たち全員で成り立っている。この世代についいてはとりたてて説明するまでもないだろう。祖母から生まれた子供なので血統は祖母に連なる。ただ、〈祖母－娘・息子〉の組み合わせのつながりで不思議なのは、娘や息子のアシアについてまったく言及されていない点だ。アシアを家族の一員に加えるという考えがそもそも想像できるようなものではないのである。アシアは母系の血統が異なる母親から生まれ、同一の血筋に属してはいない。ありていに言うなら、アシアとは愛人であり、娘や息子と性的な関係を結んだ相手ではあるが、母方の血筋の点からすれば部外者で、家族になることはできない。男性のアシアは恋人の家に〝訪い《おとな》〟はしても、相手の家にとどまり続けて永続的な関係は作り上げない。つまり、私たちの見方に立てば、モソの家族を構成する大人は例外なく〝独身〟なのである。

　最後の結びつきの第三世代は祖母の娘から生まれた子供で成り立つ。この第三世代にまで血筋をたどると母系の理屈がよくわかってくるだろう。同一の母方の血筋を次の世代に受け渡せるのは祖母が産んだ娘に限られるのだ。第三世代では、祖母の娘から生まれた女児も男児も祖母の一家に属するのは、子供たちが母親の血筋を引いているからである。また、祖母の息子が外部の人間であるアシアとのあいだに子供をもうけても、子供の産みの母であるアシアは息子の母方の血筋とは異なっている。生まれた子供は別の母系の血筋に属しているので、別の家の子供となる。子供は祖母の家族の一員とは見なされない。

〈祖母－母親－娘・息子〉というこの基準を理解するうえでカギとなるのは、モソでは子供は唯一母親のもので、母親のアシアのものではないと考えられている点だ。母親が妊娠のために男性のアシアを必要とする事実にあまり重きが置かれていないのは、男性の存在が母方の血筋に影響を与えていないからである。その当然の結果として、モソの第三世代の子供たちは、母親と祖母の母系家族に属することになるのだ。

もうひとつ忘れてはならないカギは、モソの家庭では家族がつきあっているアシアは、一家の成員とは見なされていない点だ。伝統的な母系家族ではアシアは家族の一員ではない。祖母の第一世代でもアシアは家族ではないし、祖母の娘や息子たちの第二世代、祖母の娘が産んだ女児や男児の第三世代でもアシアは家族とは見なされていない。

アハ家では誰が誰とどのような関係にあるのか、この原理をそのままあてはめてみることは好奇心が刺激されるとともに、私に天啓をもたらすことになった。

手始めは炉端で煙草をくゆらせる年配の女性だ。最初の見立てを口にした。

「お祖母さん、これはあなたに」と言って、ほかならぬアハ家の家長に煙草のカートンを差し出した。

「ありがとう」と相手は答えた。やはり母系家族アハ家の祖母その人にまちがいない。

祖母はひと言も発しないまま、私が車に乗せてきた若い女性に目をやった。その目に威厳のきらめきがかすかに認められる。私の新しい友人はただちに了解した。立ち上がると囲炉裏にかかっているヤカンのお湯でみんなにお茶をいれる。ほかの家族同様、彼女も家の長たる権威にあえて問いただすような真似はしそうにない。

家長にふさわしく、アハ家の祖母は一家の女性として最上位の上座に収まっていた。さらに見逃せないのは、家長だからこそ祖母の間の寝台が設けられている側に鎮座していた点だ。祖母が座している側には二本一組の松の柱のうち太いほうの柱が置かれている。女家長の象徴たる柱が立っていることも私は見逃さなかった。最初に挨拶をするのは一家の最長老だと私もわきまえていた。

「私の兄を紹介するよ」と言われたので、祖母と囲炉裏をはさんで座っている年配の男性に向き直った。〈祖母－兄弟〉関係という私の確信はやはり正しかった。アシアは家族のメンバーには決してないので、この年配の男性が祖母のアシアであるはずはない。そして、自身の母方の血筋を通して祖母と結びついているので、男性は祖母の兄弟にちがいなかった。席は小さいほうの松の柱が立つ格下である〝男性〟の側だったが、こちら側では上座に腰をおろし、この一家の男性としての地位は最上位だ。

祖母は「ほかの家族も紹介するよ」と言って、部屋にいた四人を指さした。

「こんにちは、グミ」。ラーヅの母親から習った「妹」を意味するモソ語で折り目正しく答えると、三人の若い女性はそれぞれ笑顔で応えてくれた。

みんなこの家の祖母の娘たちにちがいない。アハ家の第二世代〈祖母－娘・息子〉のつながりを踏まえれば、それにまちがいはないはずだ。三人とも〝独り者〟で、いっしょに暮らす夫はいない。

アシアが家族の一員でなければ、祖母の兄と並んで座る若い男性は三人の娘のアシアではないはずだ。同じ理由で若い男性の側からしても、三人の娘のうちの誰かが彼のアシアではない。この若い男性もまた〝独り者〟だ。三人と同じ母方の血筋に連なるなら、若者は祖母の息子で、三人の娘にとっては兄か弟ということになる。

中庭にいた三人の少女といちばん年下の十代の男の子に「こんにちは」と声をかけ、赤い祝儀袋に入った小遣いを手渡した。〈祖母－母親－娘・息子〉の三番目の関係性に従えば、この子供たちはそれぞれ祖母の娘たちが産んだ子供だ。女の子にせよ男の子にせよ、祖母の娘から生まれた子供だけがみずからの血管に流れる血を通して祖母の血筋に連なっていく。子供たちがアハ家の息子の子供ではないとわかるのは、母方の血筋を伝えようにも息子にはそれができないからである。

「ねえ、どの子があなたたちの子供か教えてくれない」。あとでアハ家の三人娘に聞いた。話を聞くとやはり思った通りだ。現代の中国では三人ともシングルマザーだと見なされてしまうだろう。子供たちはみんな祖母の息子を〝おじさん〟と呼んでおり、アハ家の息子にとって子供たちは、母方の姪と甥という私の推理をさらに裏づけるものになった。

モソ人の母系家族の成り立ちをめぐる複雑な迷路とさんざん格闘してきただけに、私は自分の成果に満足を覚えていた。アハ家の謎を私はついに解き明かしたのだ。この山岳民族が持つ社会的に曖昧模糊とした部分を解明するうえで、よりどころとなる地点が私の頭のなかにきちんと収まった。

アハ家の全容が姿を現してくるにつれ、モソ人の社会が女性原理を中心にして、他に例を見ないほど徹底した方法で成り立っている点に私は本当にびっくりしていた。なにごとも女性性を核にして、すべては女性に始まり、女性で終わっているようにも思えてくる。その複雑さとともに、この社会は家父長制社会と根底から異なるばかりか、よその土地で目にできるようなものでもないのだ。

私はモソ人の女性中心の世界に備わる理屈を評価しつつ、一歩譲って中国の家父長的世界もまた独自の意義に基づいていると考えている。いずれもタイプは異なる社会だが、内部には性差別に根差した原理を抱え込んでいるのだ。もっとも、世界では家父長制モデルのほうが多く取り入れられているが、もしどちらかを選べるなら、私はモソ人の母系社会のほうを選んでいるだろう。

第5章　義理の母になった日

文化大革命に強いられた結婚

モソ人の娘の義理の母親になったことをきっかけに、自分では気がつきもしないまま私の風変わりな旅が始まり、ついには村中の義理の母親に収まっていた。

ガンマ（乾媽）になったのはこれがはじめてではなく、私が暮らしてきた文化では古くから続く伝統だ。ガンマとして義理の母親になるのは中国では珍しいことではない。私がはじめてこの習慣を知ったのは、母と妹といっしょに母をよく知る年配の教師の家を訪れたときである。妹が教師の前に引き出されると、妹はその教師を「ガンマ」と呼ぶよう命じられた。そばに立って興味津々で見ていた自分をいまもよく覚えている。妹の新しい母親は真剣な面持ちでうなずくと、正式に認めた証《あかし》として赤い祝儀袋に入れた小遣いを妹に授けた。その後、母が私たちに語った話では、妹は病弱なので誰か別の人を母と呼んで運の流れを変えようとしたのだという。

ラーヅが私を義理の母親に選んだころ、ガンマの役割にかけて私はすでにベテランの域に達していた。仲のいい女友だちから自分たちの子供の義理の母親になってくれとそれまでにも頼まれていたからで、この子たちの場合、運勢を変えるというより、万が一のことが起きたとき、私に正しい道を示してほしいという信頼の現れだった。何度も何度もガンマになったが、どの場合も子供たちとはしっかりと向かい合ってきた。

しかし、ルグ湖にきてまで同じことを大々的にやるとは計画に入ってはいなかった。事態はゆっくりと進展していった。モソの新しい家に時間をかけて住み慣れていったのと同じのんびりとした調子で、私の新しい友人は増えていった。そうこうしているうちに、今度は友人の家族とも仲良くなり、私の知り合いの輪はますます広がっていく。気がついたころには、綱渡りをするように予定表の帳尻を合わせるまでになっていた。

たいていの場合、前触れもないまま、夕ご飯を食べにこないかと気さくに声をかけてくれる。ラーヅが電話をかけてきて、弟といっしょに遊びかたがたリンゴもぎやキノコ狩りに行こうと誘われることもあった。どんな誘いも決して断ったりはしない。誘いにはほぼかならず応じて、新旧の友人の家を行ったり来たりしている。

グミは私のソーシャルライフの常連だ。訪問するたびに朝ご飯と夜ご飯をいっしょに食べていた。私そのあいだも、市場の買い物や地元で開催されるありとあらゆる行事に無理やり連れていかれた。私の友だちの輪が一気に広がったのは、グミの実家の大家族を紹介してもらったのがきっかけである。「私は八人兄弟姉妹のいちばん下」と知り合って間もなくのころ本人は口にしていた。「母親は私の家からすぐ近くの自分の家で暮らしているの。ぜひ会ってあげて」

私が会ったころア・マ（阿媽＝グミが使っていた「母親」を意味するモソ語）はもうだいぶ年を召していた。ア・マがアシアと出会ったのは、母親の家で暮らしていたかわいい娘のころだった。アシアは背が高くて浅黒く、とても男らしい人だった。ア・マに会おうとアシアは彼女の母親の家によく足を運び、モソ人の伝統に従って、ア・マは彼と「走婚」を営むようになる。これは一般の結婚とは異なり、モソ人の習わしではアシアは彼女とともに夜を過ごすが、夜が明けると自分が暮らす母親の家に帰っていく。

ほかのカップルに比べると長く続いた二人の関係、だからといって添い遂げる必要はなかったが、彼女は四人の男の子と一人の女の子を産んだ。この子供たちはア・マの子供であって、アシアのものではない。

モソ人の歴史が思いがけない出来事に見舞われていなければ、ア・マはアシアをその後も花楼に招き入れていたかもしれず、あるいは新しいアシアが彼女の部屋を訪れていたのかもしれない。一九六〇年代、中国では新しい中央政権が誕生してすでに十年以上がたっていた。このころになると共産党指導部の土地政策は遠く離れた雲南省にまで及んでいたが、その政策ではア・マは自分の土地は私有できると説明していた。また、モソ人のような少数民族の社会習慣については政府もほとんど干渉せず、いにしえより続く家母長制度や婚姻とは無縁の家族形態も、中華帝国の千年以上に及んだ支配のもとで繰り返されてきたようにその後も変わらずに続けられていた。

しかし、文化大革命が中国を席巻すると一夜にしてすべてが変わる。はるばるルグ湖までやってきた紅衛兵は、封建主義的社会習慣の残滓は一掃すべしという命令を携えていた。モソ人が結婚をしないまま性交渉の相手を持っていることを知ると、古くから伝わるモソの習慣を野蛮で原始的だと非難した。

政治方針は明快だった。モソ人は一人残らず前近代的な走婚を打破し、近代文明にふさわしい合法的な婚姻形態、つまり一組の夫妻による恒久的な結婚生活を採用するよう命令を発した。彼らは一刻の猶予も置かず、部族の規範から大きく外れた二つの施策を押しつけた。結婚が強制され、一夫一婦制が強要されていく。

激動の時代のさなか、モソの人たちは言い含められ、圧力をかけられ、最後は強制的に結婚させられて一夫一婦制に変わっていった。これというアシアがいたほかの多くの若者たち同様、ア・マと彼女のアシアも渦中に飲み込まれ、大した騒ぎを起こすことのないまま公的に認知された妻と夫になっていた。

「お母さんは実家を出てお父さんと夫婦としてバジュの村に新しい家庭を構えた。姉や兄もいっしょだった。それから二人の兄を産み、最後に末っ子の私を産んだ。全部で八人の子供がいる家族になっていた」

ア・マとアシア転じて夫となった夫婦には、年端もいかず、お腹を空かせた大勢の子供をわずかな小作地で養うことは容易ではなかった。

「ときどきお父さんは、茶馬交易の馬帮《マバーン》（馬の口取り）として長い旅に出ていってはは家族のために足りない穀物や肉を稼いできた。でも家は本当に貧乏だったから、お母さんも上の二人の兄と私にはたった一人の姉のことは〝諦めて〟親戚の家に預けた。兄のジュアシもラマの僧院に送られていった」

生きていくにはその日暮らしのぎりぎりの生活で、ア・マも夫も子供たちを学校にやる余裕はなかった。唯一息子の一人が二年ほど学校に行ったきりで、もう一人の息子は僧院で読み書きを覚えた。

ほかの六人の子供全員が文字の読み書きはできないものの、一九六〇年代、七〇年代、八〇年代、貧しさにあえぐこの時期に成長期を迎えたモソの世代の大半がその点ではみな変わりはない。

ろくに読み書きができないことが、グミ本人や彼女の兄や姉にとってハンディキャップであるようには思えない。グミの兄や姉全員に会ったうえで請け合えるのは、変化の激しい世界において、程度の差こそあれ全員が抜かりなく生きているという事実だ。グミのスマートフォンの使い方を見れば一目瞭然だろう。ギジに中国語で登録してもらった電話帳の名前は読めないが、グミはリストをスクロールさせながら電話をかける相手の正しい番号をすばやく見つける。こんな真似ができるのは、友人全員の電話番号の末尾四桁を本人が覚えているからである。

読んだり書いたりはできないが、グミの世代は全員が標準語を話せる。この世代が唯一知っている方法、つまり口頭言語として習得した言葉だ。たどたどしく交わされる中国語だが、コミュニティー外の人間とやりとりする場合、いずれも日常に差し障りなく話を交わすことができる。

ア・マやグミの姉兄やその子供たちと知り合って何年もするうち、自分も彼女の大家族の一員だと思えるほど親密になった。ルグ湖における私の生活は何をさしおいても彼らの周辺で繰り広げられている。

グミの五人目のお兄さん、ジズゥオ（給汝）は気が置けない私の親友だ。月亮湖の別荘に越してきたころジズゥオは牧場の裏表のない助っ人《マン・フライデー》で、私の家を含め牧場周辺のことになにくれとなく世話を焼いてくれた。家の水道の蛇口から水が漏れていようものなら、レンチを携えて現れてただちに修理してくれる。私が重い荷物を持っていたり、コンロのガスボンベと苦戦したりしていたら、真っ先に手を貸してくれるのもジズゥオだ。園芸の才能に恵まれ、別荘のテラス正面に植わっているバラや菊の剪定もやってもらっている。読み書きができなくても、本人の多芸多才ぶりには支障がない。「都会の立派な乗馬学校で、ひところ調教師として働いていたことがあるよ」と、人生をめぐる気取りのない哲学を私に開陳している折、自慢そうに口にしていた。

冬のある日、停電で真っ暗になったダイニングルームで、私は鶏の骨をのどにつまらせたことがある。途方に暮れてジズゥオに電話をかけた。

がらがらに割れた声で「不行了《ブーシンラー》」と伝えた。言いたかったのは「にっちもさっちもいかない」というほどの意味だが、相手は私が死にかかっていると思ったようだ〔訳註：「不行了」は「死にかかっている」という意味の中国語〕。電話を取り落とし、私の命を救うために一キロの道を走りどおしで駆けつけてくれた。彼に対して私が一生の借りを負っているのは当の本人もよく知っている。

ガンマと義理の子供たち

ジズゥオはアシアとのあいだに二人の娘をもうけ、二人ともすでに立派な大人である。上娘のエーチャー（爾車）は人好きのする若い女性で、彼女の家で何度となく夕食をご馳走になったことから私もよく知るようになった。親の世代と比べると数はぐんと少ないとはいえ、彼女にも小さな子供が二人いる。人口政策を見直す前の中国では、子供の数は農村部で世帯当たり二人、都市部で一人と制限されていた。

エーチャーが最後の子供を産んだときだ。思ってもみなかった頼みを受けた。

「どうか娘のガンマになってもらえませんか」

びっくりした。彼女の妹のシアオメイ（小梅）、それにエーチャーには従妹に当たるラーヅとのかかわりから、おそらく私のガンマとしての力量に感服していたのだろう。義理娘、義理息子の頭数はどんどん増えていくばかりだった。ただし、思ってもみなかった別の候補者を受け入れる羽目にもなった。四十いくつかになるラーヅの従兄が自分を義理息子にしてくれといって聞かない。以来、私のことをガンマとして敬い続けている。

もちろん、モソの人間で最初に私の義理の子供になったのはラーヅだ。はじめて会ったころ、ラーヅは中学生だった。知り合ってからまだほんの間もなくのころ、ラーヅが弟と床にかがんで宿題をしていることに気がついた。本と鉛筆は机代わりの椅子に置かれている。二人に贈った最初のプレゼントは、姉弟がくつろいで勉強できるだけの大きな机だった。その次に買ってあげたのは副教科書と本だった。

ダンスが大好きなことにも気づいていた。父親の携帯から流れる曲に合わせ、民族スタイルが交じった踊りを踊るなど、ちょっとしたきっかけでもラーヅは飛び上がって即興で演じる。ラーヅを見て、第二のマーゴ・フォンテインになりたいと願った十歳の自分を思い出していた。調べてみると、昆明市にある有名な雲南藝術学院が来たる春の新入生を選抜するため、ダンスのオーディションを予定しているという。

「ダンス学校の入学試験があるけど、受ける気はある」と私は十五歳の娘に尋ねた。

「もちろん、絶対です」と二つ返事が返ってきた。

事はにわかに動き出し、バレエの手ほどきをするため、私はラーヅの父親に頼んで自宅に急ごしらえの木製のバーをとりつけてもらった。記憶の底から忘れていた動作を掘り起こし、私はラーヅにクラシックバレエの五つの基本ポジションと、そのほかにも踊りの基礎訓練をいくつか手ほどきした。

今度のオーディションのために私たちは二演目の振り付けをいっしょに考えた。ひとつは典型的なモソ人の舞踏で、もうひとつはチベット様式の演目である。私はラーヅの家に行くたびに練習をつけ、その間も妥協を許さないダンスの指導者を演じた。

オーディションが目前に迫っていた。ラーヅにははじめてとなる飛行機に乗せて私たちは昆明市へと向かい、からくもオーディションの最終枠にすべり込むことができた。無愛想なことこのうえない教官の厳しい視線にさらされながら、ラーヅは最初にポーズをいくつか決めるとそれから最初の演目へと入っていった。緊張していなかったといえば嘘になるが、それでもラーヅは正しい動作を実演するために精一杯がんばった。

「チッ、チッ」とラーヅの演技が終わる前に教官が言った。「だめだめ、体が硬すぎ。肩の動きにしなやかさがないし、背骨の柔軟性も十分じゃない。十五歳じゃ、ダンスを始めるのに遅すぎたのよ」

この瞬間、私たちの望みはことごとく潰えた。ホールを後にしながら二人とも激しく落胆していた。どう慰めていいのやら私には言葉もない。もしあと二年早くラーヅと出会えていたら、結果は違っていたのかもしれないと悔やんだ。私がどうしてもなれなかったバレリーナにこの子ならなれたのかもしれない。

ただ、このときの夢の失敗が私の義理娘の唯一の挫折ではなかった。一年後、中学の試験に失敗すると高校に進学する道が断たれてしまう。慌てふためいて全員が集まった。働きに出すというのがグミの考えである。

「里格演舞場の歌舞団に入ることもできるのよ」とグミは娘に諭した。

父親のアドバイスは違う。

「看護学校に行くこともできる。少なくとも働く技術が身につく」

「あなたは何になりたいの」と私は義理の娘に聞いた。

本人は当惑してみんなを見返している。途方に暮れているのだ。

あきらめたくはなかったので、私はほかの手を探しまわった。そして、ルグ湖からあまり遠くない保山市の職業訓練学校に観光コースがあるという話をその日のうちに聞き込んだ。私は自分の家で家族会議を招集すると、ラーヅには看護師になるか、それともホテルやレストラン業で働くかの二つの選択肢があると説明した。ただ、看護師になるにはたくさん勉強をしなくてはならず、覚悟も必要だ。その点では接客術の習得は容易だろうし、ルグ湖の観光業の発展ぶりを考えると就職の機会には事欠かないと説明した。

「ラーヅ、自分で決めなさい」と両親が決断を促した。

「観光コースだと思う」。しばらく考えたラーヅは意を決したように答えた。入学金と一年目の出費は私が持ち、四年間の授業料は私と両親で分担することをみんなで確認すると、無駄にできる時間はもう一刻もないと告げた。入学志願者の面接が二日後に迫っていたのだ。保山市までの旅は車でまる一日かかるので、どうしても次の日には出発しなければならない。

現地ではとんとん拍子に事が運んだ。みごと面接を通過してラーヅは晴れて入学が認められた。それが三年前の話。ラーヅはいま最終学年を迎え、麗江市の五つ星ホテルで実習授業を始めている。

私が学費を助けた義理の娘は〝身内〟だけに限られたわけではない。エーチャーの妹で、ジズゥオの下の娘シアオメイとはじめて会ったころ、彼女は保山市にある大学の二年生で、親戚の子供のなかではじめて大学に行った。聡明でしかも勉強熱心、ドイツの基金が出している助成金と奨学金に頼って観光産業の経営学を専攻していた。一年生のときにはクラスのトップにもなった。ときどき学校関係の出費に窮するらしく、そのたびに私は援助していた。

シアオメイは最優等《サマ・カム・ロード》で観光学の学位を取得すると、首席として卒業した。本人は現在、ミャンマー国境近くにある雲南省の有名な温泉で認定ツアーガイドとして働いている。

シアオメイは正式な義理の娘ではないが、私のことを本人はいつも師として尊敬してくれている。

シアオメイもラーヅもルグ湖の若い世代は親の世代よりはるかに恵まれている。学校に行くことはこの子たちの親には手の届かないものだった。しかし、学校教育が中国でもっとも辺境の土地にも行きわたり、十四億の人口のうち、すべての子供があまねく初等教育を受けることが義務化されたのはやはり特筆に値する。ただ、地方と都市部では教育格差はいまも存在する。この国の都市部では大小にかかわりなく、教育と識字能力の長い歴史に対して誇りを抱くことができるだろうが、新中国の為政者はこれまで全児童に対する学校教育を図ってきたとはいえ、山あいの地域に根づくまでには本当に長い時間を要した。

モソの子供たちにとって通学はいまだに楽なことではなく、恵まれた環境にある北京や上海の子供とはやはり雲泥の差がある。モソの高地では学校はきわめて少なく、しかも通りの曲がり角や向こうに建っているわけではない。小学校は二〜三の集落に一校、中学校は中心地の永寧にある一校でルグ湖のこちら側の全村の面倒を見ている。スクールバスなどないので学生は狭苦しい寮住まいを強いられる。

私の義理息子も自宅から小学校までのほぼ八キロの道を歩いていくか、あるいは友だちの自転車のうしろに乗せてもらって通った。義理娘は、日曜日の午後になると家から徒歩で出発し、一時間半歩いて中学校の寮に帰っていった。ここでは一人用の寝台を文字通り二人で使いながら各部屋に二十四の寝台が置かれていた。

シアオメイは大学まで進んだが、モソ人の十代の多くは教育システムの裂け目からこぼれ落ちていく。シアオメイよりも年上のいとこは一九九〇年代のさらに厳しい経済情勢のもとで育った。学校には通えたが、進学は中学までが精一杯。私の新しい義理の子供の母親でシアオメイの姉エーチャーは中学を終えると、家を出て少し離れた観光の町である大理市の民族舞踊団に加わった。エーチャーの年長の従兄に当たるジュアシュとマオ・ニウの二人——グミの長兄の息子たち——は大型トラックの運転手として生計を立てている。私の義理の子供たちの世代のほかのいとこたちも、学校から早々にこぼれ落ちた者は給仕や料理人として働いている。

それでもア・マの孫の世代は教育を受け、文字を読んだり書いたりでき、両親のために通訳を務め、親の目や手となって文字を読んだり、文字を書いたりしている。

孫たちはア・マの曽孫に当たる第四世代を産んだ。赤ん坊や幼児、私の新しい義理の子供もその一人だ。この子たちは運に恵まれた世代である。観光業の恩恵を被り始めた両親のもと、ここ十年のうちに誕生した子供たちであり、ある意味では彼らの両親さえ夢にも思わなかったような仕方で甘やかされている。第四世代の子供は新しい服に新品の靴を履いているが、グミの世代に当たる彼らの祖父母は破れたボロをまとい、裸足で走りまわって大きくなった。都市のデパートで買ったプレゼントをシャワーのように浴びているが、彼らの両親は木を削って粗末な玩具を手作りするよりほかなかった。二十一世紀に育つ彼らには世界はお望みのままである。

ガンマとして、グミの家で義理の子供を増やしていく私の存在は、しだいにバジュの村で注目を集めるようになっていた。いっしょに出かける先々でグミは私をガンマと紹介したがその必要もなくなった。ラーヅの義理の母親として学業を援助している話が広がっていくと、やがて村人が寄ってきて私の尽力を褒めてくれるようになる。

友人のラマ僧で村の世話役を自任するドゥオジエもこのニュースをどこかで耳にしたにちがいない。ある日、私のかたわらで永寧からきている十代の聡明な学生の話をした。学生はここから百二十キロ離れたルグ湖地区の唯一の高校で学んでいるが、寮費の支払いに四苦八苦しているというのだ。「この学生の最後の一年の生活費について、面倒を見てもらえないだろうか」と頼み込んでくると、「優秀な生徒でね。希望するどんな大学にも入学できると信じている」とつけくわえた。

ドゥオジエが申し出た総額はごく限られていたので、私はためらわずに応じた。これまでお金を提供してきた先としてこの生徒にまさる者はいない。翌年の試験でみごとな成績をあげ、省内の名門大学に入学する資格を得ていた。大学在学中の生活費についても私は援助を続けている。

義理の母親という業《カルマ》にますますとらわれていったのは、別の若い女子学生の援助を始めたときである。省内少数民族高校生の選抜でトップになった生徒で、男子学生と同じく「高考」（全国普通高等学校招生入学考試）と呼ばれる国が実施する大学の入学試験を受験した。全国規模で行われるこの試験は古代の中華帝国の科挙の現代版のようなもので、この国最高の頭脳を相手に自分の気概を試すために誰にでも門戸が開かれている。科挙の場合、合格すれば受験生は中華帝国の官僚として生涯にわたる厚遇という恩恵に浴することができた。現代版の科挙の場合、本人が希望する大学への入学許可が手に入る。

女神祭りを復活させる

私の盛名はこのころまだモソのコミュニティーでは表立ってはいなかった。ここで話をモソの人たちが聖なる山として崇めるゲムと、山の女神への敬意として行われる転山節について、そもそも私がどうしてかかわるようになったのかという物語に戻そう。転山節は少なくとも数百年前から行われてきた例祭だが、古くからの習わしも時代を経るに従い、近年ではその意義も薄れつつある。

女神祭りにはじめて訪れて以来、例祭への参加者が減りつつあるのが残念でしかたがなかった。最初に参加したころの転山節には大勢の人たちが集まり、うきうきするような地元の一大行事だった。会場は色とりどりの民族衣装であふれ、祭りに誘われてルグ湖周辺の多くの村や集落からたくさんの女性や男性、子供が集まっていた。チベット仏教の黄帽派《ゲルク》（格魯派）の僧侶がテントで経を唱える一方、別の側に建つ小さな寺院では赤帽派《サキャ》（薩迦派）の僧侶が祈りを捧げている。そのさなか、老若の参拝者が女神廟を訪れ、いにしえの神に祈りを捧げる。着飾った村人は踊りに夢中になって我を忘れ、目を見張るようなモソ人ならではの情景が繰り広げられていた。

翌年になると浮かれて騒いでいる人の数は減り、半分までになっていた。祭りのためにわざわざ着替えてきた人もほとんどいない。意を決して小さなグループが踊ろうと前に出てきたが、そこに加わろうとする人もいない。祭りなどどこ吹く風とたき火の火を熾《おこ》し続けている者も少なからずいた。そもそも少なかった群集は早々に数を減らしていた。馬に乗って私が家に帰ろうとしたのは正午ごろだが、すでにこのころにはほとんど誰も残っていなかった。

三度目の夏に戻ったときには、人数はさらに減って、祭りはますますわびしくなっていた。数えられるほどの参拝者が普段着のまま女神廟へと登ったが、山道を降りてきても広場はがらんとしているだけだ。祝いの儀式もなければ音楽も鳴っておらず、踊っている人や食事を広げている人もいない。催しらしい催しは見渡しても何も行われていない。うろついている人もいない。一時間もたたずに祭りは終了した。

「今年のお祭りはどうしたのよ」と、目にした光景が信じられないまま、とくに誰に言うともなく私は声に出していた。

「地元の役人が祭りの後援を打ち切ったんだよ」。近くにいた人がつぶやいた。「こんな祭りには意味がないと決めてね。祭りももう終わりだ」

がっかりしてしまった。この祭りはモソ人の暦でいちばん大切な行事のはずなのに、その祭りがいまや断末魔の苦しみにあえぐ瀕死の病人さながらだ。年配の村人には悲しい日になった。この土地で生きてきた年月、変わらぬ歓喜の頂点として村人全員の記憶であったものに対する侮辱に年配者は落胆しているはずだ。モソ人であるという意味を知らないまま大人になっていく若者にとってはさらに悲劇だ。おそらく、もっとも痛ましいのは女神その人なのだろう。過ぎし日の忘れられた偶像になりはてようとしている。

重苦しい思いでいた私に天啓の瞬間が舞い降りた。誰も女神祭りを守るつもりがないなら、では私が代わりに何かやってやろうではないか。モソ人ならではの独特な文化の痕跡をこのまま消滅させたくはなかった。

頭を弁護士の発想に切り替え、私は転山節を復活させる妙案を見つけ出した。そのためには地元の名士を説得する必要がある。スポンサー探しの陣頭指揮をとってもらい、祭りの資金を積み立てるのだ。私の家の建設業者にして、どうやら地元の実力者でもあるらしいジュアシならと私は彼に白羽の矢を立てた。

「ルグ湖のホテルやレストランの経営者のところにいっしょに行って、寄付のお願いをしてほしいの。一人民元（RMB）にして一人五百元。それなら来年のお祭りに必要な資金が集められるわ」とジュアシに頼んだ。英貨にすれば五十ポンドちょっと、この程度ならたいていの商売には微々たる金額のはずだ。

「湖畔には観光客に頼っているホテルやレストランが少なくとも三十軒から四十軒はあるし、転山節を後援すれば観光客はもっと増えてくる。三十軒から五百元ずつ、これだけあれば来年の女神祭りには十分なお金が集まるわ」

相手は辛抱強く話に耳を傾けているが、目からはおざなりな反応しかうかがえない。

「十分なお金が集められるとは思わないよ」とジュアシは静かに答えた。気のない返事からどうやら自分の分担金を出し惜しんでいるらしい。計画全体の金額からすればごくわずかな負担にすぎない。

「妙案の検討もこれまで」と自分に言い聞かせ、ひどく気落ちしながら帰った。

だが、私は簡単にあきらめるようなタイプではない。太陰暦のカレンダーに目を光らせ続け、祭りまであと二か月というころ、こうなったら私自身で事に当たろうと腹をくくった。引退したモソの教員ジュバ・ジュアシュは私の知り合いだ。ジュアシュは自分の時間を使い、ボランティアとして地元の行事という行事の文化的保護に当たっていた。本人に電話を入れ、いささか重要な件があり、ついてはその件でご相談したいと申し出た。自分のくわだてている事業について、ジュバ・ジュアシュこそ適任者であるという勘が私にはあった。

「もし、私が資金の面倒をみたとしたら、今年の女神祭りの運営に手を貸してくださる気はありますか」。面談の席で私は切り出した。

「どういうつもりかね。祭りの費用を自分で支払うということかな」

「そうです。おっしゃる通りです」と応じつつも、あまり費用がかさまなければとなかば願っていた。

「五千元で可能でしょうか」。ほぼ五百ポンドに等しい。

「うーん、五千元か。大きな催しを控えるなら、なんとかできると思う」

「このまま祭りをやめてしまうわけにはどうしてもいきません」

私には緊張をはらんだ瞬間だったが、しばらくして相手の顔がほころんだ。

「よろしい。やりましょう。さっそくとりかかりましょう」

ジュバ・ジュアシュを選んだことにやはりまちがいはなかった。モソ文化の保存に取り組んでいる者として、私が意図しているものの意味を見誤りはしなかった。私と同じように、彼もまた末永く祭りが続いていくのを願っていたのだ。

彼に事を委ねることができて舞い上がるほどうれしかった。あとは当日の予定で追加してほしい点をいくつか述べるだけだ。数日後、計画書を見せてもらった。申し分のない内容だった。

ジュバ・ジュアシュはただちに行動に移ると、あちらこちらを訪れ、ルグ湖周辺の村長らと話し合い、今年は結局祭りを実施することになったという話を広めていった。賞品もちらつかせた。歌と踊りの大会があり、参加者はささやかなお礼として赤い祝儀袋に入ったお小遣いがもらえるだろう。数日のうちに、五か所の集落から参加するという返事があった。私たちは舞い上がった。ついに祭りが実現するのだ。

当日の朝、私は馬に乗って早めに向かうと約束していた。馬を乗り入れていくにつれ、あにはからんや会場は人だかりで一杯だ。大勢の人たちがモソ人の民族衣装をきちんと着込んでいた。見まわすと、別の色の衣装を着たグループがいる。ほかの村を代表して参加してきた人たちだ。会場周辺に徐々に集まり始めた群集にお祭り気分を添えている。しばらくするとみんなせわしなく動き出し、家族のテントはどこに張ろうかとあたりを探すと、さっそく調理用の火の準備にとりかかった。今回の人出ははるかに多く、前年、前々年の祭りよりも雰囲気は盛りあがっている。なかなかの盛況ぶりだった。

文化の保護者は絶好調で、拍手喝采の名演出で祭りの始まりを告げた。深い銅鑼の音が響きわたると、盛装して堂々たるダバ教の祭司が会場にいあわせた人たちの注意を呼びかけた。ダバはマイク越しに、代々伝わるおなじみの一節を格姆女神山に向けて唱えると、積み重ねた松の枝に火を灯した。「我らが崇めたてまつるゲムの女神、今日がよき日とならんことを願い申し上げます」とダバは唱えながら、聖水を空に向かって振りまいた。「これにて祭りを始める」

「その前にひと言」。マイクを手にしたジュバ・ジュアシュが声をあげた。「シンガポールからきた私たちモソ人の友人の温かく、熱心な支援なくしてはこの祭りを実現させることはできなかったでしょう」

そして私に前に出てくるよう促すと、黄色いハダックをうやうやしく寄贈してくれた。聖なるスカーフを受け取った私は、二文からなる挨拶をたどたどしく繰り返した。朝から練習してきたモソ語の挨拶だ。

「こんにちは、モソのお友だち。転山節でゲムをお祝いしながら、今日一日みなさんで楽しんでくださいね」

おなじみの笛吹き男が登場すると、最初に踊るバジュの隣村の一行が胸を張りながら会場中央に出てきた。ダンス大会の始まりだ。ライバルチームよりもっとうまくと各チームがしのぎを削りながら踊りが続いていく。スマートフォンの撮影音が響き、観光客のビデオカメラが踊りに向けられた。ダンスの次はのど自慢大会。参加者数名のうちバジュの集落からきた中年の女性が、地元で愛唱される民謡を甲高い声で歌いあげて優勝をさらった。

バジュの住民はみんな喜んで大騒ぎをしていた。村長が私に歩みよってくると、祝いの意味を込めて背中をたたいた。

しかし翌年、土地は災厄に見舞われる。記憶する限りはじめてという規模の地震にモソ人のコミュニティーは激しく動揺した。祭りの二か月前のことである。マグニチュード六近い揺れに最後まで残っていたほとんどの丸太造りの家はもちろん、どの家もかなりの被害を免れることはできなかった。一名が死亡、数名がケガを負い、友人の多くが被害を負った家を出て、中庭に緊急避難用のテントを張って過ごしていた。

「祭りの予算の手配がまたつかなくなったよ。役所も悪い知らせにそれどころじゃないようだ」と私の質問にジュバ・ジュアシュは答えた。

妙な噂も立っていた。地震に女神はすっかり脅えてしまい、土地から逃げ出し、村々を見捨ててしまったとみんなが信じているというのだ。地震で女神山の山腹には手の施しようがない大きな地割れが残っていた。

「だったらなおさら開催しなくてはなりません。女神は見捨ててなどいないという、みんなの信仰を取り戻さなくてはいけない。もう一度やりましょう。去年の倍のお金を用意します」。私はジュバ・ジュアシュに宣言した。

二人いっしょになって昨年以上に奮闘した。祭りの内容を充実させ、さらに二名のダバ教の祭司に祭りの始まりを宣言してもらい、地元の小学校の生徒に格姆女神の物語を演じてもらった。今回は私ももっと長いモソ語のスピーチを行った。

「ゲムの女神様、地震のせいであなたが本当にこの地を去られたのなら、今日、私たちはふたたびあなたをお迎えするために集まりました。どうかあるべき場所にお帰りください。お戻りになってあなたを敬う人びとを抱きしめてください。戻られて私たちすべてをお守りください」

以来、今日にいたるまで私はゲムの祭りを続けてきた。運よくシンガポールや北京から気前のいい友人が祭りにきたときには、資金援助を仰ぐために女神税なるものをいささか徴収している。

資金提供のことが知られるようになり、私のファンクラブも年々大きくなっていくようだ。どうかすると、土地の人は私の試みを母親らしい心づかいの表れだと考えている節さえうかがえる。義理の母親として、モソ人の友人としての取り組みを通じて、いまでは彼らの側の人間だという資格を得たのだと考えるようにしている。そして、これをきっかけにして、一人の娘から始まった私の義理の母親の物語は、集落全員の義理の母親になるという最初の話へと戻っていく。

グミの村ではすでに顔見知りの〝ガンマ〟になっていた。しかし、このガンマという呼び名がある日、大都市の麗江市で二人の見知らぬ人から大声で呼びとめられるほど広がっているとは気づきもしなかった。

「ガンマ、ガンマ」

あたりを見まわすと年配のカップルがいて、こちらに向かってしきりに手を振っているがその顔に見覚えはなかった。二人は通りの向こうから「ガンマ、ガンマ」と叫んでいる。私も手を振り返した。二人は顔をくしゃくしゃにしてこちら側にやってきた。

「ガンマ、こんなところでお目にかかれるなんて」と連れの女性が話しかけてきた。

「こんにちは」と返事した。どうやらグミの村からきたカップルにちがいない。

「バジュからこんなに遠くの大きな町にきたの。なんのご用事なの」と、自分の見込みを確かめようと私は問い返した。

「いま着いたばかりで、これから病院ですよ。ガンマ、またバジュでお目にかかりましょうね」と、相手は答えて立ち去っていった。

やはりそうだった。とうとうここまできたのだ。私はモソのひとつの村全員の義理の母親になっていたのである。

第6章　過ぎ去りし日々の狩りと食事

命を食べる日

北京の巨大スーパーマーケットのように野菜や肉はいずれもきちんとカットされ、きれいに洗われたうえでパックされているのが当たり前だと思っていた。そうした私がルグ湖がある山岳地帯で暮らしていると、食事のたびにこれが現代中国の生活とは信じがたいほどの遠い昔に連れ戻された。

モソ人の食事を支える哲学はいたって明快だ。ここは過去にでもさかのぼらなければお目にかかれない素朴な生活を営むことができる土地である。見つけたものを食べ、見つからなければ自分で育てる。基本的な自給自足生活をモソ人は送っている。松が生い茂る森での狩猟採集、米、トウモロコシ、ジャガイモといった基本作物の栽培と慎ましい家畜の世話、その目的は家族を支えることに尽きる。採集したり、育てたりした食物はめったに売ったり、交換したりすることはない。農作業のほとんどは手作業で、使っている農具も別の時代の道具のようにシンプルだ。

洗練とはほど遠い食料の調達方法は、遠い昔そのままで他に例を見ない。おそらくこの国の辺境の地にあって、外部と隔絶しながら暮らすモソ以外の少数民族にも共通しているのだろう。このような土地を除けば、中国の農村部の多くは程度の差こそあれ、中小から巨大な専業農業まで、いずれも営利農業や専門作物の単作農業に変わっていった。

モソ人の食をめぐる流儀は、食べ物とは何かという原点を私にまざまざと見せつける。そしてそれは、食をめぐる私の冒険を語るうえでもふさわしい出発点だ。

私自身、たくさんの珍味佳肴を目にしてきたし食べもしてきたが、これまで屠蓄場を見たことはなかった。それだけに、グミから農場で豚肉祭りをするから見にこないかと誘われたときには興味をそそられた。

例年、秋も深まると、モソの人たちは大盛りあがりの収穫祭でまるまる太った豚を祝っている。厳密に言うと土地の行事として住民全員が集まるようなものではなく、それぞれの家で祝う祭りで、農場で肥育した雌豚をつぶして肉を保存する。

招待に先立って、グミはずっと前から祭りの準備を続けていた。ジャガイモやトウモロコシ、米を収穫して貯蔵すると、ギジといっしょに農具の修理や家まわりの片づけなど残っていた雑用を済ませていた。農作業が落ち着き、日がだんだん短くなり、晩秋の日差しが弱まってくると、二人はほど遠くない肌寒い冬に移ろうとする変化の兆しに目を凝らしていた。

グミが電話をくれたのは、それまでと打って変わり、乾燥した冷気を帯びた強い風が吹き始めた日である。カレンダーを見るまでもなく（もっとも本人には読めないが）、時期が到来した確かな兆候をグミが見逃すはずはなかった。

「家の畑の近くで昨日、寒いチベットの山から尾黒ヅルが何羽か飛んでくるのを見たの。もう冬も間近というしるし。豚肉祭りの時期がきたわ。明日、いらっしゃいよ」

ほかにも五～六軒の友人の家から豚肉祭りの招待を受けていたが、いちばん最初に声をかけてくれたのがグミだった。年一度の豪華なお祭りをいっしょに楽しもうとみんな気持ちをはやらせていた。

グミの家に到着すると、家中がすでに活気づいている。祭りの準備は万端だ。グミの姉が塩を持ってやってくると、道の向こうに住んでいる兄は四川花椒の大きな袋を携えて入ってきた。自宅の裏庭の木になる実を摘んで干して作った辛い香辛料だ。塩も四川花椒も豚肉を保存するうえでどうしても欠かせない。

「今日は何頭つぶすの」とグミに聞いた。

「二頭」と言って豚を指さすと、ギジと自分の兄にどの豚かを教えた。「私が二年以上も面倒を見てきた豚で、この一週間はエサを食べさせていない。二頭ともいつでもいいわ」

男二人が豚を取り押さえ、命を断つために縛りあげた。これを見るために私はここを訪れたのだ。中国ではどこの町に行ってもこうした機会に遭遇することはなかった。

ノーンブは父親と伯父のかたわらで、二人が大仕事のためにナイフを研《と》いでいる姿を見ているが、一方でグミとグミの姉はこの場をはずした。女性の近くではいかなる殺生もしてはならないというモソ人のタブーを私は思い出していた。私と自分が手にしたカメラを除けば、今日の屠畜は純然たる男子の領分なのだ。

中庭の真ん中に防水シートが広げられると、ギジは一頭目の豚を引いてきてシートのうえに押さえつけた。収穫の神に感謝の祈りを手短に唱えたグミの兄は、鋭くとがらせた木製の杭を豚の心臓の真上に当てると、ためらうことなく深々と突き刺した。またたく間の出来事であり、豚は一瞬で静かになる。

食べるために命を奪うことに気後れしていなかったので、豚の屠蓄をはじめて目にしても腰は引けなかった。むしろ印象に残ったのは、モソの友人が屠蓄を生命が循環していくうえで必要な何かとして執りおこなっていた点である。多神教徒だった過去を思い起こすことで、彼らは屠蓄を自然の恵みに浴するものと結びつけていた。殺生を禁じる仏教の教えもこのときだけは棚上げされているのにちがいない。そして、女性を屠蓄の場から遠ざけるというモソ人ならではの習わしにも敬意が払われていた。

ナイフに持ち替えたグミの兄は、手慣れた様子で豚ののどをひとかきで切り開いた。大きなボウル越しに豚の首を掲げ、まだ温かい血を集めていく。それから二人してお湯を豚の胴体にかけ、皮膚から毛をこすりとった。ギジは腹を巧みに切り開いて素手で内臓をつかみ出していく。グミの兄は内臓を抜いた胴体を大きく切り分けていく。女たちが戻ってきたのがこのときで、腸詰を作ろうと内臓の掃除にとりかかる。豚が臨終を迎えてからすでにかなりの時間がたっていた。

男たちの仕事はさらに続き、大量の塩と香辛料を豚肉にすり込む作業と、腸詰用に切り端の肉を細かく刻む作業を交互に繰り返していた。燃えさかる石炭の火にかざして焼こうとギジが二枚のヒレ肉をグミに渡す。食欲をそそる柔らかい肉がおいしそうに焼き上がっていくのをみんな待ち遠しそうに見守った。

「これで冬のあいだ、肉には困らないわ」と男たちの仕事ぶりを監督しながらグミが言った。男たちは塩と香辛料で下処理した肉を中庭側の軒下の棒からつり下げている。モソ人の伝統のいちばんの美点はひとつも無駄にしない点であり、頭から尻尾まで豚の食べられる部分は残らず塩漬けにされ、風乾のためにつるされていく。

私が心待ちにしていたのは、お祭りの最後に行われる大のお気に入りのパートである。グミが腕まくりをして作ってくれるのは美味を極めた豚の血の腸詰で、私にとっては豚肉祭り最大のご馳走なのだ。家代々に伝わるレシピに従い、グミは炊きたての米を大きなバットに移すと、鍋で湯気を立てているラード、凝固した豚の血をしゃもじですくい入れ、さらに香辛料を加えていった。そこに両手を入れて、練ったり返したりを何度も繰り返し、全体がむらなくワインレッドに色づいた粥状になるまでこれを続けていく。ひじのあたりまで真っ赤に染まり、グミはわれを忘れてひたすら作業に没頭している。洗浄した豚の大きな内臓を小枝で作った即製のホルダーにかけて片方の手で支えると、もう一方の手で材料を詰めていく。蒸したてでプリプリとした腸詰は、私がこれまで食べたなかでもいちばん美味なブラッドソーセージ《ブーダン・ノワール》だった。

グミの家の豚肉祭りはたっぷりの肉をご馳走にした夕食で大団円を迎える。大勢の親戚や友人が集まって食卓の料理を囲んでいる。添加物とは無縁の穀物やトウモロコシ、家族の食べ残しをエサに手をかけて育てられた豚の風味は、お金を出せば買える北京のオーガニックポークに決してひけをとるものではない。肉の美味にすっかり陶然とした夕食だった。食後、中国人に負けず劣らずの豚肉好きのコミュニティーがあると知って私にはうれしかった。なんと言っても中国人は世界でいちばんの豚肉の消費者なのだ。

肉を基本にしたモソ人の食事でも、ご馳走中のご馳走とされる料理があり、特別な機会に限って食せられている。猪膘肉《ジュウビアオロウ》というもてなし料理で、まるまる一頭の豚の内側に脂身を保存したような食べ物だ。脂身が皮についた豚の脂身の塩漬け《ラルド》で、ペシャンコに広がっているが豚の形はそのままだ。猪膘肉をはじめてまじまじと見たのは、シアオ・ウジーンの成人式に立ち会ったときである。十皿以上の豪華な料理を前にして座りながら、この家の主人が大きな豚のサイズの猪膘肉から真っ白なラルドを薄く切り出すのを見ていた。目の前にお皿いっぱいの肉が置かれると、地元の客はいっせいに身を乗り出した。テーブルのほかのご馳走には見向きもしない。みんな大好物なのだとひと目でわかった。

「昔はね、その家が金持ちかどうかは家にある猪膘肉の数で決まったもんだ」と隣に座っていた地元の女性が教えてくれた。「帰るときにはこの家の主人がみんなに大きな塊をくれるよ。肉が大きければ大きいほど、その家は豊かなんだ」

　猪膘肉を作るには名人の技が欠かせない。料理の勉強を始めたいとグミに頼んだ。

「猪膘肉を作ることにかけてなら私の兄さんが一番。もう一頭つぶすから、姉さん《アムウ》のはじめての猪膘肉を作ってあげるわ」

　二頭目の豚の処理が始まった。グミの兄はこの仕事にかけては手練れの名人で、まず豚の首に一刀を入れるとそのまま腹部の中央、尻尾まで一気に切り下げた。細心な注意とともに豚の腹部を両手で広げると、今度は内臓を取り出していく。無駄のない動きで小刻みにナイフを往復させながら肉と骨をていねいに取り除いていく一方、皮にそって走る脂身の厚い層には決して傷はつけない。そして、胴体に残った白い脂身にたっぷりの塩をすり込んでいった。

太いより糸を通した大きな針を手にすると、今度は脂身のかたまりを頭から尻尾にかけて縫い合わせ、脂肪を残らず皮のなかに封じ込めた。残った豚の体はいまや全体がぺらぺらの状態で、平らに延ばした豚の作り物のような有様だった。男たちは布に載せた猪豚肉を冷温で乾燥した貯蔵庫におそるおそる運んでいった。肉はここで保存され、時間をかけて熟成されていく。状態が落ち着くと、まわりを覆う硬く乾燥した皮によって肉は腐敗から保護されるようになる。寝かせれば寝かせるほどラルドの味が深まっていくのはチーズやワインと変わりがない。伝統に従い、私の最初の猪豚肉は現在、わが家の祖母の間に鎮座している。

忘れがたい食事

手ずから育てた家畜で食べ物を補給したり、農地では穀物も栽培したりしているが、モソの生活では狩りや採集も依然として大きな位置を占めている。肉のために生きものを狩り、食べられる植物を集めることは何代にもわたって行われ、いまでも世代から世代へと継承されているモソ人の伝統のひとつなのだ。

冬が到来すると、その年はじめてシベリアから月亮湖に渡ってくる何千という野鴨の群れを私はかならず見にいく。野鴨は巣を作り、冬のあいだここをねぐらにして、寒さが緩んでくる三月になると飛び去っていく。地元では野鴨は冬の食料源で、その野鴨に三種類の鴨がいることは、ある朝、牧場で働くジズゥオが私の家にきたときはじめて知った。片手で孫を抱えながら、ジズゥオはカルガモを私に差し出した。

「これ、どうやって捕まえたの」

「湖の浅瀬にちょっとした罠を仕掛けておいたんだよ。今晩のご馳走にしておくれ」

絶品の鴨のスープに舌鼓を打っているときには気づかなかったが、保護種として認定されている野生の生きものを狩猟するのは法律に違反している。ルグ湖地域では、野生動物の保護政策を徹底するために森林警察が目を光らせている。友人を乗せて山奥深くへと車を運転していたある日のこと、検問で車を停められ、管理官に保護動物を捕らえた様子はないかどうか調べを受けたことがある。

「昨日、野鴨を捕まえて殺した罪で、罰金をとられた者がいたらしい」。鴨を持ってきてから数週間したころジズゥオが教えてくれた。「鴨を捕まえるのはもうやめることにするよ」

ジズゥオに、月亮湖近くの小さな松の森に行くと、ここにすむ雉を捕まえる罠がこっそり仕掛けてあるのをよく目にするという話をした。この話に本人は身を乗り出した。

「雉を追うようにしつけた犬を連れ、雉狩りにはよく行ったもんだ」と言ってから、しばらく間を置いて「雉も保護されているかもしれないな。この話はもう忘れよう」と口にした。

土地の食事にはどうしても肉が欠かせないとモソの人たちは信じている。できるものなら毎日でも食卓には置きたい。肉の必要についてジズゥオはこんなふうに説明していた。

「冬でも体を温めておくには肉がいちばんだ。山あいで暮らす私らのような者には肉はつきものなんだ。肉を食べるから風邪もひかない」

こうした考えは、たとえばチベットなどの高山地帯で暮らすほかの部族のあいだでも広く支持されている。チベット仏教の僧侶でさえ肉を中心にした食事をとり、厳格な菜食生活を送っている中国やほかのアジアの仏僧や尼僧の修行からは逸脱している。禁欲のしきたりにこだわっていては、厳しい山岳地帯で生き抜くことはできなかったのだろう。

置かれている環境が環境だけに、モソの人たちは高山地帯におけるタンパク質の探究に関しては豊かな想像力を備えている。二人の友人から私の家のすぐそばの湖でカエル狩りをしないかと誘われるなど、野生の食べ物をめぐっては、思ってもみないお誘いを受けたこともある。

湿度の高い時期が長く続く夏季、月亮湖周辺はカエルたちにも繁殖にはまたとない季節だ。夜になると眠れないほどの大合唱だから私もよく知っている。その日の夜の目的はタンパク質の供給源としてカエルの脚を見つけることにあった。めいめい片手に懐中電灯、もう一方の手にビニール袋を携え、湖岸沿いの浅瀬をそろりそろりと進んでいった。懐中電灯の明かりが獲物を捕らえると、一対の小さな目がピカリと光る。しばし目をまわしたカエルは身動きがとれない。二人のうち、すばしこいほうの友人が身をかがめ、カエルをすばやくわしづかみにする。「袋の口を広げて」と声をひそめて言うとカエルを袋に入れていく。一時間もたつころには、跳ねまわるカエルでいっぱいの袋を私は手にしていた。フランス料理では美味とされるカエル、そのモソ版の夜食となる材料を携えて私たちは牧場に戻っていった。

動物性タンパク質とは、食べられるかもしれないという心眼しだいで、本当にさまざまな形、予想もしなかった形で姿を現してくるものかもしれない。私のモソ人の友人はこの心眼という点では目ざとかった。好天に恵まれたある日の午後、男たちの一行が丘の中腹に遠出して煙でいぶし、蜂の巣をとってきた。もちろん、この遠出に女性は加わっていない。一行は見つけた土産を待っていた女たちに自慢した。蜂の巣は粘り気に富んだ野生の蜂蜜でいっぱいである。私たちは大喜びで戦利品を分け合った。

私の横で立っていたのがジュアシのアシア、エーチュマ（爾車瑪）で、残っている蜂の巣をもう一度調べると大きく笑った。

「ちょっと待って。蜂の子がいっぱいよ」とエーチュマが声をあげる。

蜂の巣を手に持つと、エーチュマは小さな巣穴に箸を突き刺した。穴のなかからもぞもぞ動く蜂の幼虫やさなぎが落ちてくる。またたく間に不気味な虫のひと山ができた。エーチュマはそのひとつを口に放り込むと、私にも蜂の白い幼虫を差し出した。

「食べてみて。おいしいわよ」

食べてみた。いささかびくついて目をつむりながら口に入れた。びっくりした。おいしいではないか。干した海老とも違う。もうひと口試した。

エーチュマはさなぎと幼虫を手にしてわが家の台所に入ると、中華鍋を火にかけて油とヤクのバターを引いた。油があたたまると虫を投入、塩少々、四川花椒少々を加えた。鍋を皿のうえでさっと返すとカリカリの蜂の子フライのできあがりだ。これという儀式もないまま全員が飛びついていった。もちろん私もその一人だった。モソならではのご馳走はものの数分で平らげられた。信じられないほど風変わりな料理を満喫できたことは、わが生涯の食体験のなかでももっとも忘れがたいものになるにちがいない。

いまの時代、安定した肉の供給源として十分な動物や鳥を見つけるのが難しくなるばかりだ。人口の増加で森の動物の生息地が脅かされているからである。安定した肉の供給は農場の家畜にますます頼るようになり、モソ人にとっても狩りは娯楽であり遊びだ。

すでに説明したように、モソ人にとって豚は肉の大切な供給源だが、屠蓄は一年を通して十分な間を置いて行われている。農家が飼っている豚の頭数は、たいてい二頭の雌豚とその子豚ぐらいだ。普段食卓にあがる肉は、畑で放し飼いにされている家の鶏で、飼われているのはやはり雌数羽とひな鳥ぐらいのものである。また、家鴨やガチョウを数羽飼っている農家も珍しくはない。

農家で飼われている生きものは農園を自由に歩きまわっており、畑で見つけたミミズや虫などをついばんでいる。囲いや小屋に戻ると、今度は畑でとれたトウモロコシやジャガイモに加え、ふすまや食べ残しのご飯が与えられる。ここで育った動物は添加物や化学物質とは無縁というのがモソ人の自慢だ。もっとも、家で食べられるぶんだけの生きものが育てられており、家族はたっぷりの肉が食べられる。商売とは無縁の農家は、動物を人工的な手段で肥育して、給餌するという発想をまったく持ち合わせていない。

農業科学や獣医学、テクノロジーはモソ人の村にもすでに侵入してきており、土地改良を図る先端技術が導入され、最新の科学薬品や飼料が斡旋されてきた。昔ながらのモソの農家は、こうした技術の仕組みはよくわかっていないが、いまどきのやり方を自分たちの日常生活に取り込むことには背を向けている。これもまた、開発された耕地を持つ中国のほかの農家とモソ人の農家が異なる点だ。

古くからのスタイルで鶏を育てるのは、ケージに鶏を閉じ込め、成長ホルモンを注射するよりもはるかに時間がかかる。ここでは少なくとも五か月から六か月、場合によってはそれ以上の時間をかけて育ててから食卓にのぼる。豚も二年から三年は肥育させたのちに屠蓄している。

うれしいのは、モソの友人から頂戴する鶏や家鴨の卵はこれ以上ないほど自然で、しかも産み立ての新鮮さを極めているので、私の朝食のテーブルにつきない喜びを提供してくれる。都会生活に戻ったとき、養鶏場産の卵がつらくなってくる。

山羊もまたルグ湖が位置する高地でもすくすくと育てられている。山岳地帯にすむ山羊のほか、羊も食用のために谷間の草地で飼われている。地元では羊も山羊も特別な機会に売るためのものであり、日々の食事では食べられていない。また、土地の市場では子羊の肉も手に入らないので、羊飼いのところに出向き、まるまる一頭の子羊を買わなくてはならないのだ。

カリフォルニアから訪れた美食家の友人をもてなそうと、私も羊を一度買ったことがあった。友人のリーは羊の処理に見ほれ、最初から終わりまで熱心に見続けていたので、私も好きなようにさせておいた。この日のため、牧場の厩務員に羊の処理を頼んでおいた。羊を処理して皮をはぐまでにものの五分とかからなかった。その晩はラム三昧となったが、とても食べきれるような量ではなかった。

海を越えていくマツタケ

質実剛健な生活を送るもうひとつの食材として、モソ人たちは古くからの習慣に倣って野に生える植物を集めている。春のルグ湖にはたくさんの野の花が咲き、また別の花々が野山一面を埋める。季節の変化を目の当たりにして、モソ人の心に宿る採集民の本能が目を覚ましていく。食せる野草やべリーや果実、山中の薬草や薬根と集めるものには事欠かない。

義理の子供たちと森を歩いていると、林道脇の蔓のあいだに隠れるように実をつけた野苺を子供たちが見つけた。その様子を私は驚きながら見ていた。ノーンブは手にいっぱいの赤い小さな実を私のために摘んでくれた。野苺は思った以上に濃密な香りであふれかえっている。

家に帰る途中、グミに出会う。野草探しで見つけたこれまた別の植物で籠はいっぱいだ。

「何を見つけたの」

「これはね、風邪を治してくれる草から摘んだ葉よ」と大きな束を見せてくれた。「掘り出した根っこはスープに入れて飲むの。風邪をひかなくなるから」

グミが見つけたのは、雲南省に自生する何百種というさまざまな草根木皮のわずか二種類にすぎないが、中国全土で使われている薬草だ。この広大な国に住む人びとは、伝統的な漢方の変わらぬ方法に基づき、草木や動物の薬効を心から信じて疑わない。そもそも数千年前に伝統的な民間薬として始まった療法は、研究を通して進化を遂げると、医師や巨大な製薬産業を取り込んだ、健康とライフスタイルをめぐる一大産業へと発展していった。そして、製薬産業は薬草の三分の一の供給を雲南省に頼っている。

しかし、グミが採集する雲南省の辺境の地では、モソ人はこの商売にはあまり乗り気ではない新参者にすぎないので、自分が使用するぶんの採集で満足している。商業ベースで採集したり、伝統的な薬草を栽培したりしようという進取の気性に富むモソ人はほんの数えるほどでしかない。

夏に向かっていくにつれ、松が生える丘は強い日差しを浴び、この時期の強い雨脚に洗われる。こうした気象条件はキノコの生育には申し分ない環境で、森の地面一面にキノコが生え出し、キノコ狩りは一年でもこの時期に限られた格好の娯楽と変わる。

私が知るモソの人たちは誰もがみな、雲南省の丘に自生する三十種以上の食用キノコのどれかを探して丘に入った。私もある朝、牧場で山羊の世話をしている人に頼み込んでいっしょにキノコ狩りへと出かけた。三百歩も歩かないうちにキノコの大きな群生に出くわしたので、摘もうと思って手を伸ばしかけた。

「だめだめ、そのキノコはだめ。毒キノコだよ」と大きな声で注意された。

目利きがいっしょだったので、ずっと探して袋二杯分のいろいろなキノコを採り続けた。

周辺の森で見つかる野生のキノコのなかでもいちばん貴重な品種は、中国語で松茸《ソーン・ローン》と呼ばれるキノコだ。形はイタリア料理で使われるポルチーニによく似て、野趣に富んだ高い香りと豊かな味わいと食感でつとに有名だ。名前からもうかがえるように松の根元のまわりに自生しているので、松の森が多いルグ湖周辺にはたくさんの松茸が生えている。夏の旬の季節が短いだけにいっそう格別で、土地の人たちと同じように、地元の市場で行商するキノコ採りの人からキロ単位で買って心ゆくまで堪能した。

ほかの種類のキノコよりは比較的高いとはいえ、日本海の向こうの東京では、松茸の値段は天井知らずに跳ね上がる。舌が肥えた日本の食通には〝マツタケ〟として知られ、キノコのなかのキノコとして知られる。日本ではきわめて高価な食材であると知れると、ルグ湖の松茸狩りは大まじめな商業活動に転じていった。

足が早い商品なので、当地で早朝のうちに採取された〝マツタケ〟マッシュルームは、翌日には東京の築地市場に到着していなくてはならない。こうして私が地元で払っている何倍、何十倍もの値段で売られていく準備が整う。

イタリアの「トリュフハンター」が人目を欺きながらトリュフを採る」のとまさに同じように、松林の松茸採りも人目を忍んだくわだてだ。毎朝早くから丘を登っていき、地元の〝プロ〟のハンターたちは、秘密のスポットに誰もついてきていないかと絶えず注意して松茸狩りに終日を費やす。ハンターは例年同じ秘密のスポットに戻ることで、実入りのいい松茸取引の最高入札者に〝マツタケ〟の確実な供給を約束している。

「松茸狩りに連れてってくれないかしら」。松茸取引に関係している人に会うたびに、私が頼んだのは一度や二度のことではない。

「わかった。いつでもいいよ」と返事はいつも如才ない。しかし、何時にどこで集合とたたみ返して尋ねても、「あとで電話をかけ直すから」と決まって要領の得ない返事である。そんな電話がかかってきた試しは一度としてなかった。

豊穣の祈り

モソ人が栽培しているのは土地では自生していないものである。現在、ルグ湖周辺では米、トウモロコシ、ジャガイモが主な作物として栽培されている。四十年前、米を植えるという考えがまだ根づくまで、ここでは粟、裸麦、トウモロコシ、ジャガイモが作られていた。当時、挽《ひ》いた粟と麦を混ぜたものを朝食として食べ、昼と晩はトウモロコシの粉を食べていた。穀物は巨大な石臼か、あるいは素朴な水車を使って挽いていたが、その後、モーターを動力にした製粉機に変わった。

「お祖母さんがトウモロコシの粉でお粥を作っていたころのことはまだ覚えている。水みたいに薄いお粥でね。うちは本当に貧乏だったから、家族全員が十分に食べられるだけのトウモロコシがなかった」とエーチュマは子供のころのことを話してくれた。

話を聞いたのは牧場でジャガイモを収穫するという日のことで、彼女は助っ人の一人として私を頭数に入れてくれた。畑にはきたものの、私といえば掘り起こす前のジャガイモを見るのも生まれてはじめてという人間で、そんな人間が暑い午後の作業としてはこれ以上ない苛酷な耐久試験に参加していた。私の仕事はジャガイモを籠に入れるというごく単純なものだが、かたやエーチュマをはじめとする女だけの作業班は、ジャガイモを掘り起こしては積み上げていく。

作業班のうちの二人がジャガイモを掘り出し始めた。中国式の重たい根掘り用の鋤を巧みに操りながら作業が進められていく。百二十センチぐらいの鋤を振り上げては、鋤の重みを使って深々と畑に振りおろし、金属製の刃先の部分で土を手前に掘り返すとジャガイモが姿を現してくる。骨の折れる仕事だが、二人は倦むことなく働き、午後いっぱいかけてジャガイモ畑を掘り起こした。ほかの女たちはかがみ込みながら、掘り手の二人に遅れまいと手早くジャガイモを拾っていく。いちばん楽な仕事をしながら私もみんなのあとに従ったが、最強の女たちのペースにはついていけなかった。

私にとって収穫シーズンのハイライトは、心弾む次のひと言をグミから電話で知らせてもらうことから始まる。

「稲刈りよ」

例年、この大イベントのためにグミの家を訪れると、グミの仲間の女性たちが手伝いのために私よりも先に到着しており、稲刈りの始まりをいまかいまかと待っている。集まった農家の若い娘たちには重労働をいとう様子はうかがえず、とりわけすべてが手作業となる仕事の場合はなおさらだ。

女性たちは三つの組に分かれると、最初の組は稲を刈りとり、丈のある稲を集めては束ね始めた。流れ作業の二番目の組は、めいめいが大きな稲束を抱え、茎から穀粒をはずすために地面に敷いた防水シートのうえで稲穂をたたきつけている。十分な穀粒が集まると、今度は三番目の組が手作りの木製農具を使い穀粒から籾をはずしていく。

この素朴な農具がカンフーの武具として知られるヌンチャクの起源だという説がある。一九七〇年代、達人ブルース・リーの映画を通じてヌンチャクは有名になる。収穫の際に使われる殻竿という農具は古くからあり、数千年前とは言わないまでも、発明されたのは何百年も前にさかのぼる。そうした農具がルグ湖でいまだに使われていること自体、容易に信じられるような話ではない。

モソで使われている殻竿は三本の木の棒からできていて、三本それぞれが紐で結ばれてこれでよくしなる一本の殻竿となる。どんなふうに使えばいいのか一人のやり方を見ていた。柄の部分に当たる一番目の棒をつかんでしなやかに振りおろすと、結びついた棒はいったんうしろにいってから前へと跳ね返り、三番目の棒がドスンという音を立てて米殻を激しく打ちすえる。流暢で手慣れた仕事ぶりを見ていると、過ぎ去った遠い時代にまさに戻った感じだ。

だが、ルグ湖にも現代という時代は迫りつつあり、それとともに中国のほかの地区で行われている当世風の農業が持ち込まれようとしている。電動の脱穀製粉機がバジュの集落にも設置され、古くからあった脱穀用具は追いやられた。村民がいま楽しみにしているのは、地元の野心的な農家が最近購入したという、全自動のコンバインを借りて使ってみることである。

一家の一員だからということで、自分の田んぼで取れた米大袋二袋分をグミは毎年贈ってくれる。一人の食欲を満たして余りある量だが、グミの汗と涙の結晶である贈り物を無下に断るような真似はできない。たいていの場合、米の多くはシンガポールや北京に住む私の友人にお裾分けしている。

稲刈りの季節はこの村の果物が熟してくる時期と重なる。どの家の裏庭でもリンゴや桃や梨がたわわに実っている。そして、この時期はモソの人にとっては定番のおやつ、クルミを集めるときでもあるのだ。クルミは友人や親戚への贈り物としても使われている。

モソの人たちは自分たちが集めたり、捕らえたりした食べ物、あるいは育てた食べ物は、火の神の正面、囲炉裏の上座に設けられた「チュウオドゥオ」と呼ばれる石の祭壇にまず捧げる。手短だが、心のこもった作法だ。時代がどれほど変わっても、モソ人の家庭に古くから伝わるこの習慣は決して変わることはないと思う。家長たる祖母が夕食のいちばん豪華な部分——たいていは鶏の頭——をとりわけ、チュウオドゥオの上段に置かれた鉢に入れ、母方の祖先に捧げてから、モソのお祈りをつぶやいている。

「馬を引くあの人たちが無事に旅を送れますように。道中、トゲを踏むことなく、毒蛇の道を横切らないようにしてやってください。この家族をお守りください。どうぞつつがなく暮らせますように。子供の代、孫の代もじょうぶであり続けますように。この世で放った矢がその的を見つけますように」

第7章　王国を謳歌する女たち

威風凛々たる女ぶり

　モソ人の女性はひと口では語れない面を備えている。姉妹として彼女たちと何年も暮らすうち、多面的な彼女たちの気質や自信に満ちた物腰を知り、女性の心性やいわゆる女性像を考えるうえで、その手がかりを与えてくれるのではないかと思うようになった。

「口数が少ない」というのがモソの女性に対して私が抱いた第一印象だが、もっともこの時点では自分でもよくわかってはいなかった。モソの女性は見た目がとくに堂々としているわけではないし、身長も高くて百六十センチを少し超えるぐらいだ。顔立ちは美人というより端正といったほうがふさわしい。切れ長の目に丸みを帯びた鼻、よく笑い、口元には白くてじょうぶな歯がのぞいている。顔は陽に焼けてカフェラテのようなつややかな色を帯びている。顔を縁取るのは長く伸ばした真っ黒な髪で、うしろでゆるく結い上げられている。

　モソの女性はことさら女らしさを誇示したりしない。とりたてて着飾ってもいない。ブレスレットかあるいはお守り代わりの質素なネックレスを別にすれば、装飾品を身につけることもない。女同士で競うように飾り立てるほかの文化の女たちとは異なり、その点ではモソの女性は控え目だ。化粧もしておらず、自分の見た目についてあまり人の注意を引きたいとは思っていない。

リゲの船着き場をはじめて散歩したとき、モソの女性に口紅を差し出したことがある。彼女は豚のエサ桶に似た猪槽船のかたわらに腰をおろし、湖を遊覧する観光客を待ち受けていた。笑い返してくれたが、申し出はやんわりと断られた。

「どうもありがとうございます。でも、真っ赤な口紅は恥ずかしくて」と当惑しながら答えた。

彼女の応じ方とまさに対照的な振る舞いを示したのが、祖父の生まれた村で女性に口紅をくばったときに受けた反応で、村の女性はみんな遠慮せずに手を伸ばしてきた。モソの女性について知ることは、手間もかかるし容易ではない。小さなころから慎ましく振る舞うように躾けられ、社会学者が指摘してきたようにはにかみの文化の出身者だ。なかなか打ち解けないようにも思えるし、外部の人間と友人になるには時間もかかる。

そんな彼女も同じモソ人のなかに戻れば、まったく別の顔をまとっている。自信に満ちて積極的に振る舞ってかっこがいい。それは強気の自信ではなく、心の奥底からわき上がる確たる自信だ。その自信を私は凛と胸を張った彼女たちの姿や、地元の篝火踊りの輪にすべり込んでいくてらいのない身のこなしに見てとっている。腰をおろしても前かがみにならず、上半身の背筋はピンと張っている。太っている女性を目にするのはまれで、ほとんど全員が締まってしゃんとした体つきをしているのは、毎日を畑仕事に費やしてきたことを物語っている。

友人のアハ家の祖母は、家から遠く離れた温泉に連れていくと誘ったときは大いに喜んでくれた。その昔、若い男女はここに集まってはしゃいだり、楽しんだりしていた場所だったので、仲間の村人同様、この〝集会場〟に出向くことは祖母にとって特別な機会を意味していた。服を脱いでいっしょにお湯に浸かったときだ。老人ながらアマゾネスばりの体つきを目の当たりにして私は感服していた。一糸まとわぬ齢六十六歳のアハ家の祖母は、無駄な肉などひとつもない引き締まった体をしており、腹筋はなんともうらやましいシックスパックだ。

心身両面のたくましさは、モソの女性を語るうえでどうしても触れたいもうひとつの側面だ。その好例がグミにほかならない。私の義理の妹にとって六十六ポンドの米袋を担ぐことは造作もない。これは三十キロのかたまりを背中に負うことを意味する。頑強なモソの妹は、どんな肉体労働もものともせず、農場のやりくりにともなう面倒もまったく負担とは思っていない。

意志強固な女性ということではエーチュマもその一人だ。長年連れ添ったアシアであるジュアシがリゲではじめてという宿泊施設を建てようと思い立ったとき、自分の土地を貸して建てさせ、ジュアシ本人の名前にちなんで命名させたのはエーチュマにほかならない。宿泊施設の表向きの顔はジュアシがなり、わずか七部屋の民宿から始まった施設はバーベキューレストランを備えた二十部屋のゲストハウスにまで拡大した。しかし、部屋の調度品にはじまり、食料を調達し、厨房では料理人として腕を振るい、お金の流れにも目を光らせてきたのはエーチュマその人で、しかも一人ですべてをこなしてきた。

エーチュマはジュアシとのあいだに二人の子供をもうけた。シアオ・ウジーンは二人にとっては下の子供に当たり、母親のエーチュマに似ている。私がこの娘の成人式の世話をしたころ、シアオ・ウジーンは競泳選手としてすでに省内の学校で強化訓練を受けていた。成人式の二年前、十一歳の少女は水泳選手になると心に誓っていた。この学校にどうしても行きたいと親を説得したウジーンには、子供とは思えない独立心がうかがえる。

雲南省第一の水泳選手の地位を獲得すると、全国水泳競技大会に参加したウジーンを応援するため、私は北京のオリンピック村にあるウォーター・キューブ（北京国家水泳センター）に出向いた。

「ウジーン！　ウジーン！」と、専門のバタフライを泳いでいる彼女に私は声を張り上げた。生まれたときわずか二千三百グラム《リトル・ファイブポンダー》しかなかったこの娘が実現させた物語は、モソ人が女性に授けてきた気骨と後ろ盾を示すまぎれもない見本だ。

祖母が一家を仕切るという、よそではお目にかかれない世界で育ったウジーンのようなモソの娘が、自信にあふれ、堂々と振る舞える個人に成長していくのは当然だ。モソの女性のほとんど全員から生来の落ち着きがうかがえる。ここ以外の世界に住む大勢の女性にとっては、自分にもあると取りつくろうことしかできない落ち着きだ。

主導権を自信に満ちたモソの女性が握るのはごく自然なことである。モソ社会では高い地位にあるので、彼女たちの普段の生活はいささか興味深くもあり、ここでしか見られない流儀に従っている。実に堂々たる女ぶりで、その女ぶりたるやほかの中国社会では目にしたことがないし、実のところヨーロッパにもない類のものだ。

地元の酒場で女だけの飲み会をやっていると、グミのお姉さんがモソ人の男たちのテーブルに堂々と近寄っていき、彼らにビール数本をおごっているのが目にとまった。歩みよっていったのは彼女のほうからで、ここが中国の別の場所なら男たちのほうから声をかけてきたと思う。

「リー・チャー（日査）」とグミのお姉さんは割れるような声で乾杯の音頭をとった。モソ語でビールを「飲み干せ」という意味だ。本人は引っ込み思案とは無縁の女性で、その晩、場を盛りあげる笑い声と吹き出すような冗談で飲み会を始終リードした。

モソの女性の生まれついての自己主張は、モソ人の社会に限ってうかがえるというわけではない。彼女たちの自信の源は、本人が外の世界に乗り出していくときにも役に立っている点は見逃せない。

エーチュマとは麗江市や昆明市のような大きな町に何度も行ったが、不慣れな場所や場面に出くわしても、彼女がいっしょだと大船に乗った気持ちで案内してもらえることにいつも驚いた。彼女も読み書きはできず、レストランのメニューが読めなければ、町の道路標識がわかるわけでもない点を踏まえるとなおさらだ。メニューを見て料理を注文したり、おしゃれな洋品店で値段の交渉をしたりするとき、第三者には本人が抱えるハンディキャップは思いもつかなかっただろう。

昆明市で行われた上流階級の結婚式に、僧侶ドゥオジエのお姉さんのお供をして参加したときのことである。著名なビジネスマンや政治家、名士が列席者に交じるなか、祝宴の席についてもドゥオジエのお姉さんが一歩も引けをとらない様子を見て心から驚いた。山奥の田舎からきたこの文盲の女性からは、気後れしたとか、おどおどした様子はまったくうかがえない。彼女は揺るぎない自信そのものだった。

母系家族の家長として祖母を中核に据えた家庭や社会で成長することを通じ、女性は自分が特別な存在だと当然感じるようになり、とりわけ、早い時期から家族という家族は、女性と男性の違いなく祖母に従うことを学ぶ。成長するにつれて、これが意味する重さをあますところなく理解していく。

それはモソの家庭という家庭で、女性の心に脈々と受け継がれてきたものでもある。

中国の女性と比べれば、モソの女性は少なくとも自分ははるかに格別な存在だと感じているはずだ。中国の場合、家父長が支配する家庭で、女性は二の次に扱われ、「幼にしては父兄に従い、嫁しては夫に従い、老いては子に従う」が伝統として求められている。女性にかかわることはなにごとも一段低い地位に委ねられている。モソの女性の場合、生まれたその日から特権の衣をまとっているのは、女児の誕生こそ慶事であり、中国古来の文化のように女児の誕生を悲劇とは考えていないからだ。

女たちの饗宴

モソの女性はお祭り騒ぎが大好きで、思い浮かべるたびに顔がほころぶのが彼女たちのそんな一面である。集まってわいわいやるのが嫌いな者は誰もいない。時には男性よりも女性たちのパーティーのほうが徹底しており、頻繁なのではないかと思うことさえある。彼女たちの集まりはささやかなランチパーティーでもなければ、上品なティーパーティーやもの静かなディナーパーティーでもない。彼女たちが集まれば、食べて、飲んで、歌って、踊り、いつも昼間から始まり、夜にまで及ぶ。明日などないかのようにパーティーに興じている。

新築祝いのために彼女たちを招待してパーティーを催したとき、私は痛い思いをしてこの事実をはじめて学んだ。私としてはいっしょに昼ご飯を食べようと二十名ほどの友人に声をかけていた。当然、計画していたのは人数に見合ったぶんの昼食の調達だ。

グミに声をかけたとき、家族もいっしょにと誘った。アジアのギジと彼女のお母さん、私の義理の子供二名のことだ。しかし、グミはまったく別なふうに了解した。彼女は私の招待を母方の家族全員に伝えた。つまり、グミの兄姉七名、母方のいとことその子供と孫、さらに友人や近所の人たち一同である。

総勢四十名の代表団が一人も欠けることなく現れた。土地の流儀に従い、今回のような招待は誰にでも門戸が開放されているものと受け止められている。その後のことになるが、私もまた正式な招待を受けないままモソ人の女の夜会に顔を出すようになっていった。予期していなかったゲストはこれまた土地の流儀に従い、米や塩漬け肉、ヤクのバター、お茶、卵、生きた鶏数羽とつぶしたばかりの子豚の肉を贈り物として携えていた。

パニックに陥った私はエーチュマに泣きつき、予定よりもっとたくさんのご馳走を作りたいので手伝ってほしいと頼み込んだ。

「まかせておいて」と答えると、ただちに女たちを指図して料理作りが始まる。もらったばかりの贈り物を手ずから取って鍋に入れている。有能な指揮のもと、エーチュマはただちに鶏肉、豚肉、羊肉のご馳走を昼食用に仕上げた。

助っ人を買って出た女性たちが、三卓の低くて小さなテーブルの前で座っている招待客に食事を振る舞うかたわら、ビールと地元の密造酒がとめどもなく酌み交わされた。一番目のグループがご馳走を食べ終えてテーブルをきれいにすると、即座に二番目のグループが席についていく。

昼食が終わったので、これでお客さんたちも帰るのかと思った。しかし、だらだらと居座ったまま、まだお酒を飲み続けている。おしゃべりに花を咲かせて、立ち上がろうともしない。

夕方になって陽も沈み始めたころ、エーチュマは私に目配せすると、そろそろ夕食を出すころだと言った。パーティーは前触れもないまま、昼食と夕食ぶっ通しの大宴会に転じる。夕食はなんとか用意することができたが、それでも終わろうとはしない。お客さんたちはいまや腰を入れて飲み出し、結局、お開きになったのは真夜中近く。これほど長いパーティーのホスト役を務めたことはなかった。

しかし、モソの女たちのパーティーをめぐる本当の試練は、このあとエーチュマが「婦女節」(国際女性デー)を祝うパーティーを提案したときに迎える。婦女節は中国の全女性の祝日として中華民国の時代から定められてきた。

「この日は私たちルグ湖の女たちの祝日よ。お祝いしなくてどうするの」とエーチュマは意気込んでいた。

清々しく晴れた当日の朝、エーチュマは四名の女友だちをともなって私の家の玄関に現れると、彼女たちのことを地元の酒造メーカーの重役だと冗談めかして紹介した。形ばかりのように二人の男性の友人を引き連れていたが、二人はこの日のための運転手で、私の家の祖母の間にビールと中国産の白ワインのケースをせっせと運んだ。

ただちに飲み会が始まって、午前中ずっと飲み続けていると、運転手の二人が私たちのために昼食を作ってくれた。食事を済ませた午後になっても飲み続けたあと、夕食のために町に繰り出す。

「さて、今度はバーに行きましょう」。夕食を終えると若い女たちの一人が声をあげた。

私たちは町一番の〝おしゃれな〟ナイトクラブへと押しかけたが、この時間ともなると、店は婦女節を祝うほかの女たちでいっぱいだった。私たちはただちにダンスフロアに出ていき、夜を徹して歌ったり、踊ったり、飲んだりしていた。十六時間飲みっぱなしという、わが生涯最長のパーティーだった。

モソの女たちのパーティーは際限なく続いて容赦がないというだけではない。私は、彼女たちは女同士でいるのが本当に好きなのだと気がついた。娘たちの夜遊びとは女同士のパーティーに出向くことだ。女だけの外出に趣向を添えようと、場のとりもちが好きな男友だちを連れて席を盛りあげている参加者もいる。同伴について違和感を覚えるのは、皆無ではないとはいえ、自分のアシアをめったに連れていかない点だ。

その理由は私にもさっぱりわからない。自分のかたわらにアシアがいないほうが心の底から自分でいられるのかもしれない。アシアがいては素の自分として振る舞えないせいかもしれない。あるいは、アシア以外の男と遊びまわれる機会なのかもしれない。理由はどうであれ、私も学ぶ点がこのあたりに潜んでいると思える。

モソの女たちのもうひとつの面は、ユーモアを解する微笑ましいセンスを持ち合わせている点だ。物事の愉快な一面をとらえ、男に先んじ、ためらうことなく最初に冗談を言い放っている。モソ人は女も男も笑い上戸で、時や場所にかかわらずずいぶん笑い転げている。自信に満ちたモソの女性だから、男性と同じように剽軽に振る舞ってもいいと感じている現れなのだ。

男性支配の企業環境では、女性の大半が冗談など口にできないのは、私自身が身をもって知っている。会社勤めをしていたころは会議にも頻繁に出ていたが、きまって超自信家の第一人者の男性が会議を牛耳り、冗談を飛ばしていた。男性にせよ女性にせよ、笑いをとることができた者が会議では勝ちを収めることを私は長年の経験から学んだ。

ここ女たちの王国では、本人がその気なら、スポットライトを浴び、みごとな漫談を独演でやってのけるのは女性の場合がほとんどだ。実際、男女がいっしょにいて双方で笑いをとろうとしている場面には腹を抱えてしまって、二人のそばから離れられなくなってしまう。男女いっしょの場にいて、男性と同じように女性も冗談を言えるというのが私には印象深い。それだけに、社会において女性が確固たる地位を持つ意味について私は声を大にして言っておきたい。

家にあっては汗も流すが、同じように権利も主張するのがモソの女性だ。自分が思うところについては臆することなくはっきり意見する。一家にとっては彼女の発言は圧倒的な影響力を持ち、祖母の意見にいたっては最終的な拒否権を意味する。

以前、エーチュマが母方の家族と一家の土地の境界をめぐる大切な問題を論じているのを耳にした。その境界にはジュアシの宿泊施設が建つ区画も含まれていた。議論はだんだん熱を帯びていき、ついには誰かがこう口にした。

「ジュアシはこの件についてなんて言っているんだ」

「この件についてあの人が口出しする筋合いなんかない。あの人は一家の人間ではないのよ」。長年連れ添ったアシアにもかかわらず、エーチュマはそんなふうに言い返していた。

家母長制度ではあるが、性差の優劣を伝統的に取り入れてきた中国文化に比べ、モソの女性はその点でははるかに平等な世界を形作ってきた。社会的な交流の面においても、家父長制度よりも、家庭内の力関係のバランスがきちんととられている実例を私はたくさん目にした。

女性と男性、女性と女性、男性と女性、男性と男性、老人と若者――程度の差はあっても、モソではすべての者が等しく扱われているようである。グミの兄のジズゥオの連れ合いは、孫と話をするときには赤ちゃん言葉ではなく、祖母として一人前の大人を相手にするように話を始め、相手の返事を辛抱強く待っている。そんな様子を私は何度となく目にした。ジュアシと気さくに言葉を交わしている人がいて、ジュアシも相手には敬意を払い、自分と対等に遇していた。そんな光景を数え切れないほど見ていたので、相手はジュアシの友人か仕事仲間とばかり思っていた。この人物はジュアシの使用人だった。これなど中国人の雇用主とは著しい違いだろう。中国人の雇い主なら話しぶりや、使用人を見下したような態度でその点をはっきりさせようとする。

女性も時には、男性や彼らの振る舞いをとがめる辛辣な言葉をちくりと口にすることがあり、モソ語にはそうした言葉も少なくない。しかし、こうした行為が男性に対する不平等な対応として制度化されたり、旧習として残ったりするようなことはなかった。〈女性-男性〉の関係ということでは、モソ人の生活は一風変わっているが、公平な制度である点に重きが置かれ、女性を見下して話したがる中国人とはまさに正反対なのだ。

浮気な女神たち

基本的な部分に立ち返れば、モソの女性の存在をめぐる要の面とは、母となる生まれついての能力であり、母系家族の一員をさらにもたらす点にある。モソの女性にとってはじめて母親になることは、なににも代えがたい慶事であり、家族や友人がこぞってお祝いに訪れるときである。その逆に子供に恵まれない女性には同情が寄せられる。

モソの母親は誇りをもって母の務めを行い、昔ながらのおんぶ紐を使ってどこに行くにも子供を背中に負っていく。ジズゥオの上の娘エーチャーもリゲの村でこうやって私の新しい義理娘を見せびらかしていた。授乳時間になると、ルグ湖あたりでは新米の母親ならみんなやるように、世間の目をはばかることなくもっとも自然な方法でおっぱいを飲ませていた。おんぶ紐をほどき、小さな赤ん坊を両手に抱くと、ブラウスの前をはだけて乳頭を含ませ、おっぱいを交互に変えて乳を飲ませ続けている。この光景を気にとめる者はいないし、びっくりするような者も一人もいない。同じ真似をたとえば上海や北京の公衆の面前で行えば、エーチャーは嘲笑や非難の的となり、授乳の様子を映した動画がアップされ、ネットを通じてまたたく間に拡散していくはずだ。

モソの母親がもっとも際立っているのは、外部の者の目から見れば、彼女たちは昔から永遠の〝シングル〟マザーであるという点だ。生まれた子供はどの子であれ、必然的に婚外子になるのは、母親が結婚しておらず、相手の男性も誕生した子供は自分の子供だと言い立てたりはしないからである。家父長制を重んじる中国の規範に厳密に準じるなら、彼女は子供を産むたびに恥ずべき行為を犯し、しかもシングルマザーであり続け、家の対面を汚していることになる。

しかし、純然たる母系家族構造という閉ざされた領域で母性を寿《ことほ》ぐコミュニティーでは、このような理不尽な非難は浮かびあがってくることさえない。モソの赤ん坊は結婚などまったく考えたこともない母親からまちがいなく生まれてくるのだ。また、父権について頓着しない社会では、モソの赤ん坊は文字通りの父なし子なのである。

モソ人の女性をめぐり、世の興味を断然そそり、中国や世界中の人びとがいちばんの関心を向けているのは、彼女がアシアとしてどのような生活を送っているのかという点だ。モソ人の場合、男性同様、女性が自分の生涯において、コミュニティーの誰をアシアに選び、あるいは何人のアシアを持つのかはそもそも本人しだいなので、どのようなライフスタイルを選択するのかという程度で収まる話ではない。モソの女性がこうした生き方を送れるのは、男女は結婚して核家族を営むということにコミュニティーがとらわれていないからである。母方の家でプライバシーを守りながら、女性は幸福に浸ってアシアとの逢瀬を重ねる。それどころか、いまの恋人のために開けていた自室(花楼)の扉を閉ざし、次の恋人のために扉を開くのも彼女しだいだ。本人の人生においても、これは途方もない変化として見なされているはずだろうし、結婚こそ家庭生活の始まりとする、モソ以外の世界に生きる者すべてには少なくともそう思えてくる。

無限の可能性が許されたこの領域で、モソの女性が男性のアシアを選ぶ際に準じている規範とは、結婚によって永遠の伴侶を選択するという規範とはそもそも根底から異なっているのだ。モソの規範に生きる女性には、アシアとは精子提供者となる可能性を秘めている者であると同時に、日々の苦役から逃れる心弾む脱線なのである。規範とはすなわち目的にかなってしかるべきものである。

女性が持つ種子は、天から注ぐ雨を浴びることによってのみ緑の草地となるとモソ人たちははるか昔から考えてきた——私の友人で著名な社会人類学者である蔡華《ツアイ・ホウア》はモソ人のアシア制度に関する独創的な論文『父と夫がいない社会』(未邦訳)のなかで書いている。赤ん坊が産めるという種子を抱く女性に必要なのは、種子に水を与え、命の誕生をもたらす男性なのだ。

したがって、種子が大きくて力に満ち、しかも美しく育つためには、生命の水は見た目という点でも十分優れていなくてはならないのは言うまでもない。赤ん坊を望む女性の目からすれば、水をもたらしてくれる男性はなによりもまず見た目に秀で、体格も立派でなくてはならないのだ。

相手を探す場合――ここでいう「相手《メイト》」とはもっぱら生殖能力という意味で使っている――モソ人の女性が求めているのは、男性の魅力的な肉体的特徴が自分の望みにかなっているのかどうかで選んでいる。希望リストの上位はたくましい肉体と容貌、身もふたもないほど率直であからさまだ。

水を担いでいる男を見れば、彼女の頭のなかではこんな調子でつぎつぎに質問がわいてくる。

「背が高くて体は頑丈かしら」

「どんな顔立ちなのかしら」

「手は大きくて力持ちなのかしら」

「力仕事に耐えられるくらい元気かしら」

女子会の夜でも、男性に関するもっとも明け透けな冗談や判断基準のランクについては嫌というほど聞いたので、私もこの手の話にはすっかり通じている。

「ねえ、あの人なんかどう」。男性が近くを通りかかると決まって誰かが聞いてくるが、もちろん本人の耳には届いていない。

「あんまりいい男じゃないわね」と一人が答えて、一同大爆笑である。

「あの人どう。ぐっとこない」。ダンスフロアに向かう見た目も粋な男を認めて、若い娘が声をあげた日もある。

いつもこんな調子なのだ。

母系に基づいた家族構成という独特な環境のもとでは、〝水を担いでいる男〟は世帯の一員にはなれず、したがって一家の財政状況に何も貢献するわけではないので、モソ人の女性は男の財布の厚さをあまり気にしてはいない。北京の金満家はかならずしも条件を満たしているわけではないのだ。スポーツカーを持っていようが、豪邸を構えていようが、広大な農地を所有していようが、万事につけ段取りは自分で図るモソの女性には大した問題ではない。相手の男が責任をとりたがるタイプかどうかも場違いなことこのうえない。結局のところ、その男と所帯を構えることなど金輪際ないし、自分や家族が生きていくために相手に頼ろうともしない。男に必要なのは、役目を果たすための良質の水を持っていることなのである。

見た目のアピールに加え、おもしろさやユーモアのセンスがあれば、もっと楽しく過ごせるので男性は有利に事が運べる。しかし、恋はつかの間のものであるのを忘れてはならず、モソの女性の場合もその例外ではない。立ち止まって考えてみれば、そんなことはさほど珍しくはないし、モソ人以外の私たちも同じだ。

意中の男性に対し、モソの女性ははばかることなく思いのたけを打ち明ける。純情ぶったり、本心をはばかったりするデートの決まりごとなど皆無だ。押しの一手をまったく恥じていない。この種の世間的な決まりごとには縛られていないので、欲望の対象（という対象）に遠慮ない眼差しを向けることを通じて、臆することなく思いのたけを声に出している。

これまでの恋愛を思い返すとき、つかの間、モソの女はルグ湖の湖面に漂う自分の姿を重ねているのかもしれない。青き湖水一面に散っているのは小さな水草の花で、かわいらしい白い花をつけながら水の流れに優雅に身を委ねるさまは、さながら見る者をもっと近くに呼び寄せようと手招きしているようでもある。水中深く隠れているのは、この水草の長い根の部分で湖の底にまで延々と続いている。中国語でこの花は「水性楊花」、詩的なダブルミーニングがあり、ひとつは文字通り水に漂う花という意味だが、比喩しているのは「浮気性な女」である。

男性優位の中国文化の懐疑派の目には、モソの女は男にだらしないだけとしか映らないはずだ。しかしモソ人の文化では、こうした女こそ水性楊花のように誰よりもかわいらしい女で、尻軽などと責められるいわれはない。それどころか、大勢のアシアをとりこにしたと大喝采を博すことになる。

湖面に漂う水草のたとえがありがちすぎるなら、モソの女は湖をまたぐようにして横たわる聖なる守護の女神に目を向ければいいだけだ。モソの女はこの女神と驚くほどよく似ている。つまり、堂々たるゲムの女神こそ、まぎれもなく最高のモソの女その人にほかならない。

女神は私が知るどんな神様とも似ていない。世界中で幅を利かせている独りよがりで聖人ぶった一神教の男神とは似ても似つかず、モソ人の聖なる守護神は、信者たちによってはるかに人間じみた顔を持つ神様として命を吹き込まれてきた。そして、モソ人が人生と恋をめぐってほかにはない考え方を守り続けてきたのは、この女神が犯したちょっとした過ちに変わらぬ信仰を寄せてきた点にある。

部族に伝わる民話では、ゲムは命が限られた人間として生を得たという。とはいえ彼女は単なる俗人ではなく、人並みはずれた英知に恵まれ、年に似ず本当に賢い娘だった。そればかりか、この世のものとは思われないほど美しい娘で、男という男が夢中になったばかりか、天界の神や鬼神でさえ娘のとりこになったという。それほど美しいマドンナだけに、高い代償は避けられなかった。

ある日、娘がルグ湖で歌を口ずさんでいると鬼神が現れ、娘をその場からかどわかして天上界に連れていき、自分一人のものにしてしまう。愛おしい仲間を奪われ、モソ人は悲嘆に暮れたが、あまりにも激しく大きな嘆きだったので天帝の耳にも届き、娘を返してほしいという願いは聞き入れられることになった。天帝は娘を自由にして仲間のもとに返すように命じた。しかし、ここでちょっとした手違いが生じる。天帝は人間として娘を返したのではなく、ゲムを壮麗な山の姿に変えて戻し、以後、モソ人の守護神になるよう命じた。

母なる湖に抱かれ、ゲムは母親の血をつないでいくコミュニティーの世話と守護に没頭した。土地が平和とのどかさを取り戻すと、仕事から自由になったゲムは夕方や休みの日には自分の楽しみに耽るようになる。敬愛の思いを込め、ゲムに魅了されたモソ人は遊び好きで律儀な守護神としてゲムを思い描いた。彼らが描いた女神の肖像は、凛として白馬にまたがる美しい女性で、双眸に宿す輝きから享楽をあまさず謳歌する快活な性格の持ち主であることがうかがえる。楽しいことが大好きで、これというパーティーにも目がない。男のように酒をたしなんで、ギャンブルに興じてひとつ、ふたつとサイコロを振っている。

そして、恋愛生活に向けられたモソ人独特な考えそのままに、彼らの女神からも男友だちとの奔放な喜びに酔いしれている気配がにじみ出ている。求愛者に事欠いたことなど女神には一度としてなく、いちばんのアシアとしてプナ（普納）という、背が抜きん出て高く、立派な男の山神を選んだといわれる。プナは女神の変わらぬ愛人になったが、それはプナが女神の近くにいるときという意味にすぎない。山神として務めを果たそうとプナが女神のもとを留守にするたび、ゲムはこの機会を逃しはしなかった。近くに潜む山神たちと浮気する機会を物していた。容姿に恵まれた北の山神アー・シャン（啊上）が移り気な女神の眼差しをとらえる。選べる相手はそれだけではない。北西の山神、南には二人の山神がいたが、いずれも〝つかの間〟のアシアとして女神との戯れの恋に耽った。それがまったく問題ではなかったのは、モソの恋のかけひきではなんでもありだからである。

私は男の山神とのいちゃつき方まで含め、ゲムの物語が大好きだ。それはモソ人も同じで、彼らもゲムの物語にロマンスと恋愛をめぐるひらめきを得て、複数の相手という彼ら特有の恋愛の掟は正しいと説明する。モソ人の古い諺《ことわざ》にもあるように、格姆女神がそうされているなら、自分たちもそれに習わなくてはいけない。

私はモソの女の生まれ変わり

モソの女性の生き方にかかわるもろもろの側面は、共通する一本の鮮明な糸で貫かれているように私には思える。その糸とは権限は女性に授けようという糸である。モソ人の母親にとって娘の賢さがいちばん大切な資質であるのは、時いたれば小さな娘が母親の家を仕切る手綱を引き継いでいくからである。

モソの少女は生まれつき文化や社会的な制約にしばられていない。パーティーには行けるし、大声で笑い、みんなを仕切り、骨を折って働き、恋愛も思うがままだ。権限をめぐって争う必要がないのは、生まれたときから権限が授けられているからである。彼女は代々権力を継承してきた母親、祖母、さらにその先の女系の先祖に連なる血脈に生まれた。コミュニティーの要を担うメンバーとして誰からも畏敬され、山の女神によって頂点に向かうよう定められている。モソ人の娘はある意味で、力を授けられた存在という考えにあまりにも慣れ親しみ、どれもこれも〝あるがまま〟のものとして受け入れている。力を自分のものにせよと押しつけられたわけではないし、山の頂上から命じられたわけでもない。力をめぐる争いそのものが存在しない。スタートしたまさにその瞬間から女として高位に生まれついたのだ。女性を寿ぐ世界に温かく包みこまれながら、彼女はその力を生涯にわたって担い続けていく。

私にとって、モソ人の少女に倣うことは、鏡の裏側にまわり、世界をのぞき見るようなものである。彼女たちは役割の反転というわくわくするような現実を体現しているのだ。ひとつどころか、たくさんのテーブルがまったく逆の方向に向きなおっている。いささか感じ入っているのは、私自身がモソ人の姉妹たちと一体感を覚えている点だ。私の場合、志を同じくする者、足取りも確かな女たちに対する仲間意識である。

モソの女性は私のような本音で生きている女たち、つまり男はやはり見た目で、基本的な体の属性に尽きるという評価をする者の汚名をそそいでくれる。こうした考え方には何も問題はないと私も心中では思っている。そう考えることで女たちは、男性パートナーに対し、意味もない、漠然としたほかの資質を探し求めることから解放される。とりわけ相手との関係が一時的なものであるならなおさらだろう。見た目だけで選べば男の選択を誤るという因習にとらわれた社会の常識に対し、モソの姉妹たちなら、男は見た目とたくましさがなによりと喜んで断言してくれるだろう。

全体としてモソの女性に見られる他に類のない多面性ぶりは、女のパワーが本領を発揮しているからだと私は心底から思っている。というより、そのように納得している。自信に満ちたモソの女性による実例から勇気を得た一人の女としてそう了解しているのだ。思い起こせば自信に満ちた五歳の少女だったころ、私は自分を過信するあまり、無謀にも兄弟や近所の男の子とおしっこ飛ばしを競った女としてそのように納得しているのだ。おしっこ飛ばしには敗れたものの、この敗北をきっかけに、以来私は自分の世界で女性の平等とふさわしい地位を獲得するために立ち上がって戦ってきた。

自分の考えが中国社会の主流と相容れないのもよくわかっている。中国の男たちにとって〝水性楊花〟とはつねに乱倫を意味しており、自分の妻や娘は決してそうであってはならない。しかし、ひと晩かふた晩、女性の乱倫を楽しめるチャンスに恵まれるとなると話は違ってくる。

観光客として二〜三日の滞在にとどまるにせよ、〝水性楊花〟を求めてルグ湖を訪れる中国人男性は少なくないはずだ。時には幸運にありつける者もいる。またあるときには幸運にありつこうと進んでお金を払おうとする者がいる。問題は、モソの女性がアシアへの愛が売り物になるという考えに応じられるのかどうかという点だ。

観光産業が始まって間もないころ、野心的な経営者がルゥオシュイ（洛水）村に娼家を開いた。ここは麗江市から伸びる高速道路がルグ湖と出会う場所で、高速を降りて最初に現れるモソ人の湖畔の村だ。バスはこの〝セックススポット〟で観光客を降ろすと、女性の観光客はお茶を飲んだり、銀のアクセサリーを案内されたりしている。男たちは小部屋へとせき立てられていく。それぞれの部屋にはモソの民族衣装を着た女性がサービスを提供するために待っている。北京に住む私の友人は十年前、家族でルグ湖を訪れた際、父親がこうした部屋に入って出てくるまでずっと待たされたと話してくれた。この間、部屋で何をしていたのかについて、父親は決して口にしようとはしなかった。

ルゥオシュイ村の売春ははびこり続け、村人は問題解決のため地元の役所に嘆願書を提出しなくてはならなくなった。当局がとった対応は、村内の遠く離れた地域に娼家を一軒残らず移転させるというもので、以来、村民はここを紅灯区と呼ぶようになった。娼家はいまもそこに建っている。

この話をモソの友人に話すと、そこで働く娼婦は隣接する四川省から連れてこられたプロで、モソの女は売春などしていないという返事がいつも返ってくる。大多数はそうだろうが、しかし、モソの女性も何人かは確かに働いている。

ルゥオシュイ村の経験が教訓になって、観光客が訪れる湖畔のほかの集落では近辺で売春観光を行うことを禁じた。しかし、近隣にはもう一か所、スカーフの織物と売春で経済を成り立たせている村がある。ウェンジュエン（温泉）という名の村で、ここの丘はモソの名湯として知られる。「ウェンジュエンではどこの家の娘も売春をやっている」と親友の一人が教えてくれた。「家族も別に恥じていない。家のために大金を稼いでくれるので、むしろ自慢に思っているぐらい」

複数の性交渉の出現率が高いことに加えて売春だ。モソ人のあいだでは性感染症の拡大はどうしても避けられない。この話については誰も大っぴらに話そうとしないが、公平を期すためにも、性病はモソ人のコミュニティーでは繰り返し問題になってきたことは断っておきたい。

統計がとられてきたわけではないし、中心地の永寧で近代的な医療施設が利用できるようになったのも最近だ。結果として、障害を負って生まれた子供もなかにはいる。コミュニティーを見渡しても即座に明らかというわけではないが、誕生時から目が見えない娘や腕や足が変形してハンディキャップを負った男性を目にしたことがある。精神を病んでいた四十代の女性は、病気が原因で最後にはみずから命を断ったという話も聞いた。ただ、原因が性感染症によるものであるのかは確かではない。もうひとつ、これも不確かな話なのだが、性感染症が生殖能力に及ぼす影響だ。だが、これについても断言が難しいのは国の人口政策が複雑に絡み合っているからである。中国のほかの農村地同様、モソ人の女性も産児制限のために避妊し、子供は一世帯当たり二人に制限されてきた。

愛のあるセックス、金銭目的のセックス、これはどこの社会も抱えている永遠の問題で、モソ人のコミュニティーといえども例外ではない。しかし、こうした問題があるにしても、家父長制社会に直面しながら、モソ人の女性モデルが投げかける、さらに大きくて普遍的な問題の意義が減じるわけではないだろう。

一番目の議論のテーマは、世界中に満ち満ちている家父長制度という大海にあって、女性中心の社会が存在する点に尽きる。モソ人という実例が存在する事実は、人間の社会が男性支配を模範としていった必然性について疑問を投げかけているのだ。それに代わるモデルを持ちえる可能性を女たちの王国は示している。

二番目のテーマは、自信にあふれた個人として最大の可能性が発揮できるまで女性を育て、能力を伸ばしていける環境を築き上げていくというものだ。それによって女性も男性と同じような有意義な貢献が社会にできる準備が整っていく。男性中心の家父長制モデルではどう見てもこの問題が解決できそうにないのは、過去と現在、世界が女性をどのように扱ってきたのかを見れば明らかだ。男性を一段低い地位に貶めることなく社会の中心に女性が置かれたモソ人のモデルは、選択肢としてはるかに望ましいように思える。

三番目のテーマは、社会の第二階級にいる女性を最重要地点に引き上げることで、人類に終わりがもたらされてしまうのかという問題だ。もちろん、そんなことになりえないのはモソ人が示す通りだ。

そして最後のテーマは、中国社会で生きる独身の女性全員に対し、モソ人が教えてくれる貴重な教訓である。結婚相手を見つけられなかった独身女性は〝落ちこぼれた〟女で、性差をめぐる社会的ヒエラルキーでは、その他もろもろの女性の後塵を拝して哀れにも最底辺に置かれている。そうした彼女たちも、私の場合とまったく同じように、独身であることの喜びと名誉を知ることができる。

モソの自宅にいて本当に幸せだと気分が高揚しているときなど、前世の私はモソの女だったのだと思えてくる。そうでなければ、モソの友人のなかにいて、なぜあれほどの一体感を覚えるのかが私には理解できない。前職のシンガポールの法律事務所では、あからさまな男性優位主義がはびこっていたが、それに対してふたたび反旗を翻す必要もなければ、ロサンゼルスの全員男だけという弁護士ネットワークで、隣の男に負けず劣らずのけんか腰でいる必要も二度とないのだ。

私とグミのDNAを比べてみれば、二人の先祖の部族はそもそも母を同じくする一族《クラン》の出であることがわかるかもしれない。調査のため、私はグミの頬の内側をブラシでこすって粘膜を採取すると、試料をオックスフォード大学の遺伝子研究施設に送った。その結果、グミの直系の母方の祖先は「マラックスシミ」で、今日、この母親の一族の遺伝子はアジア南方地域と太平洋の島々、またモンゴル、韓国、インド、パキスタンなどで見つかっている。一方、私のほうはグミとまったく異なり、「イナ」という母親の直系の子孫で現在、ポリネシア東部のクック諸島に多くいる一族だという。イナは四つの主だった一族の母親で、それらの一族は何千年もの昔、アジア東部から南北アメリカ一帯を支配していた。

どう控え目に言っても私の期待は裏切られていたようだ。モソ人の妹グミと私は同じ母親の一族ではなかった。太古に生きた母親の血筋を二人は分かちあっていない。しかしそうではあっても、二人とも輝かしい女性精神を同じくしているのは確かだと、私は心ひそかに考えている。

第8章　堂々たるクジャクたち

男たちの居場所

　ここからは女たちの王国のもう半分の物語について話していこう。当たり前のことがさかさまの、なんとも不思議なこの王国のアダムの側の年代記だ。女性を中心にコミュニティーはまわっており、男性は第二の立場にあるものの、社会においては特別な地位に置かれて重んじられている。

　男性中心の中国社会を言いあらわしているとして、よく引き合いに出される古い言葉がある。「重男軽女」だ。父方の祖母に向かい、私よりなぜ長男ばかりかわいがるのか聞くたびに、十歳の私に祖母がそう答えていたのがいまでも目に浮かぶ。言葉の意味はまさに文字通りで「男の子は甘やかし、女の子は軽んじよ」で、女児よりも男児をはるかに重んじることが家父長制の中国社会ではもはや信仰になっていることを物語る。男性が君臨して女性はそれに従う原則は、何千年ものあいだ中国文化を支配してきた。一人っ子政策が中国の各都市に普及したためかげりは生じたというものの、いまなお常識のようなものであるのは変わらない。

　この言葉を言い換え、モソ社会に見られる女の子と男の子の位置づけを並べてみるなら、次のように言い換えるのがいちばんだと思う。つまり「重女不軽男」だ。文字通り、この言葉が意味するのは

「女の子を甘やかし、(しかし)男の子は軽んじない」である。

私のこの造語は家父長制の諺を単にひっくり返したものではない。この造語が、女性が上位、男性はその下という「女の子を甘やかし、男の子は軽んじよ」でないのは、モソ人はそんなふうに考えはしないからだ。母系の血縁を重んじて授かった女児は慈しむものの、中国人とは違ってモソ人ははるかに平等主義で、男児を格下や劣った地位に追いやったりしない。男児が大人になっても軽んじられることはない。女児と同じように、男の子もまた日の当たる場所を持っている。

これを正しい文脈に当てはめるには、モソの男性が暮らす日の当たらない場所から検討を始めるのがいちばんいい。まず、モソの男性は永遠の〝独身〟だ。この点は女性とまったく変わりがない。結婚がない社会では男性も夫になりようがない。さらにモソの男性は私たちが理解するような父親にはなれない。モソ人の社会は父親が不在の社会だ。

残ったものは家父長制のもとで育った男性には思いもつかないような経験で、モソの男性の物語を知るうえでは大きな飛躍をもたらしてくれる。部外者が真っ先に気づく点のひとつ、それはモソの男性は根っからのマザコンであるということだ。

「晩の食事は母親と食べるので、そろそろ帰るとするよ」は、よく顔を見せにくる男友だちから再三再四聞かされた言葉で、本人は長距離観光バスの運転手として生計を立てている。

別の男性は、「申し訳ない。母親を麗江市の病院まで連れていかなきゃならないんだ」と答えて、グミの夕食の誘いを断っていた。

モソの男性がいくつになっても乳離れできないのは、母親の家に住み、終生母親と暮らし続けるからである。本人はすでに一人前の大人で、母方の家には同じ母親から生まれた兄弟姉妹のほか、母方の親族もいっしょに暮らしている。本人には、母親そして祖母はこの世でいちばん大切な人間なのだ。「母への愛を歌ったモソの曲を歌うよ」。地元の友だちと連れ立ってカラオケに行くと、選曲の際に男性が決まって繰り返すのがこのひと言だ。母親への愛を歌ったこの叙情歌はモソの男たちのあいだで大ヒットした。

モソの男に差し出されたもうひとつの地位とは、自分の姉妹が産んだ子供全員の指導におじとして接することだ。おじ自身は自分のアシアが産んだ子供には父親としての義務はいっさいないが、母方のおじとして姪や甥の面倒には重大な責任を負っている。おじの立場から子供たちに男としての絶大な影響を与え、その地位は核家族における父親と非常によく似ている。生きていくために必要な技術の伝承、あるいは古くからの民話を聞かせ、子供に道徳上の指針を与えるのもおじの役割のひとつだ。目の前でこの〈おじ－姪・甥〉の関係が繰り広げられるのを見るのはいつも楽しい。ジュアシが彼の姪で、私の義理の娘ラーヅといっしょにいるときなど、相手の手を握り、できるだけ話をしようと涙ぐましい努力を重ねている。ジュアシはグミの兄で、ラーヅの弟のノーンブとのあいだにも、母方伯父としての温かい関係を築いている。

モソの男性が年老い、家で最年長の男性になると地位もあがって大おじとなり、女家長の兄弟として母系家族で家長に劣らぬ権限を持つようになる。知り合いのアハ家では、第二世代と第三世代に当たる祖母の子供と孫が、女家長の兄弟に敬意を払っていたことからも、このしきたりが厳密に守られているのは明らかだ。女家長と同等の威厳を持つ者として、大おじの発言は姉妹の女家長とまったく同じ権威があり、とりわけ、一家の男たちのなかでは最高位の教師となり、指導者となる。さらに家の外向きの件に関する役割が加わり、たとえば寄り合いのようなコミュニティーの用事には、一家を代表して大おじが出席する。母系家族にあっても大おじが占める場所は決して軽いものではない。

ノーンブには母方伯父が六人いて、この伯父たちにノーンブは指導を仰いでいる。礼儀作法やソーシャルスキルは伯父たちから学んだ。そればかりか乗馬や鳥の捕らえ方、川で魚をどう釣り上げるのかというもろもろの技術も、伯父たちを通じてノーンブはものにしてきた。

ノーンブとラーヅ、そして二人のいとこに対しては、自分より年上の人間に敬意を払うことが徹底して教え込まれ、その範囲は母方のおば、おじといった身内から、村内の年長者や私のような外部の義理の母親にまで及ぶ。モソで出会ったどんな子供も礼儀正しさの見本で、これほど丁重な子供は中国のほかの土地ではめったにお目にかかれたものではない。

ノーンブは思いやりと気づかいができる子供の歩く見本と知ったのは、はじめていっしょに外出をしたときだった。ノーンブがまだ十歳だったころで、姉といっしょに家の裏にある小さな丘でキノコ狩りの案内をしてくれた。ラーヅが先頭を進み、そのあとにノーンブが続き、しんがりを行く私のために元気よく先導してくれた。茂みの小高い枝で森の道がふさがれている場所に出くわすと、すばやく脇に退き、枝が道に被さらないように押さえてくれる。

「押さえているからこのまま行ってください」と、まだ声変わりしない声で促した。

私がそこを通るまでのあいだトゲだらけの枝を押さえていた。

道を登っていく最中もノーンブはゆだんなく周囲に目を配り、ときどき振り返っては私がついてきているかと確認している。勾配がとくにきつい場所にさしかかったとき、こちらに向きなおって小さな手を私に差し出した。その手をとると、ノーンブは全身で私を引き上げてくれた。

こんな小さな男の子もこれほどの思いやりを女性に発揮するのだと知って、私は心地よい驚きを味わっていた。ノーンブの思いやりの深さは成長していくにつれても変わらなかった。並んで歩いているとき、決して荷物は私に持たせることはなかった。買い物袋はもちろん、私の重たい手提げ鞄も喜んで肩に担いでくれる。

女性、男性にかかわらず、モソ人の生涯は心からの思いやりに彩られている。モソの男性がそばにいる限り、自分のトランクを手にしたことはこれまでになかった。市場で顔見知りの女性や男性にたまたま出会った場合も、モソの友人たちは決まって買い物袋を持とうと申し出てくれる。

成長したモソの男性なら自分に課された家の主な務めは、祖母の農場で苛酷な肉体労働だと誰もがわきまえている。たくましい肉体は人に貢献するためにあり、家族に用立てるために筋肉を使うことが求められている。

グミの五番目の兄ジズゥオの一日の働きぶりは、厄介な仕事を並べ立てたカタログを見るようだ。来る日も来る日も一日は薪割りで始まり、家を取り囲む泥壁の修繕が続く。敷地に建つ納屋の拡張工事をジズゥオ一人でやっている姿は私も目にしたことがある。親戚からよく声がかかり、手ずから大きな丸石を運んで新しい家の基礎となる石を積んでいる。水牛に引かせて田んぼをすき返しているのもジズゥオで、収穫した稲穂を詰めた大きな袋を荷馬車で運ぶのもジズゥオの仕事である。家まわりや屋外のいちばん大変な仕事はいつも彼にまわってくる。

グミは自分の父親の話や、その父親が馬丁としていかに大変な時期を耐え忍んだのかよく話してくれる。父親がまだ若かったころ、家の食物庫が空っぽになると、ほかの男たちといっしょに荷馬を率い、ルグ湖から遠路チベットへの難儀な旅に出かけた。往路の旅では茶葉と薬草を馬の背に積み、茶馬古道を二か月かけて目的地へと歩いていった。復路の旅でももう一度荷物を積まなくてはならず、カーペットのほかにチベットの手工芸品を積んで帰っていった。現金経済が普及する以前のことで、父親への報酬はトウモロコシや裸麦、あるいは山羊革の上着で支払われていた。

グミのいちばんうえの兄の二人の息子は、いずれも馬ならぬ大型トラックを運転して生計を立てている。二人とも運搬事業でなかなかのお金を稼いでいるが、提供している仕事は長距離の移動だけではなく、運んでいる重い積荷のあげおろしという手が汚れる仕事がともなう。

モソの男たちが報われるのは辛い仕事を終えて家に帰ったときだ。その夜の家族の食事を取り分けるとき、祖母は多くはない鍋の肉のいちばんおいしい部分をきちんとよそってくれるのだ。息子や男の孫が働いて帰ってきたとき、祖母がわざわざ労に報いているのは、母系家族で女性と男性は公平に扱おうとする祖母の意識の表れだ。

この一件を思うたび、シンガポールの女友だちの家で目にしたあまりにも現実離れした光景がいつも頭をよぎる。友人の一家は中国南方の潮州語を話している地方の出身で、ここはとりわけ家父長の権威が強い土地柄だ。夕食の料理が並べられたとき、テーブルに向かっていたのが男性だけだったことには本当にびっくりした。時間をかけて夕食を楽しんでから男性が席を立つと、残り物を食べるために私たち女は席についた。モソの祖母には公平を欠いたこんな扱いは決して受け入れられるものではない。

激しい労働の合間、モソの男たちは自分の好きなことに打ち込んでいる。実際、男たちは遊びたいと思ったら、マッチョな男ならではの遊びに心ゆくまで興じている。中国都市部の若者は男同士で集まって飲み食いや酒に酔ってのじゃれあいだが、モソの男にとって楽しみはそれとはまったく異なり、昔からの遊びがいまも変わらずに続けられている。

いちばんの娯楽が狩り。モソでは唯一男性に許された気晴らしで、祖母たちは大人のなりをした子供が騒いでいるのだと考えている。モソの男なら合図ひとつですばやく立ち上がると、目を輝かせては道具を集め、仲間と丘を目指して走っていく。

狩りに出撃するとき、ジュアシと彼の仲間は牧場を集結地点としてよく利用している。獲物は野生のものならなんでも。樹上にかかった蜂の巣の蜂蜜、湖の魚、田んぼの米を食べる鳥や森にすむ雉の群れ、あるいは月亮湖を泳ぐ野鴨、時には走りまわる猪とも戦う。朝まだ早い時間から喜び勇んでいき、日が落ちてから一羽か二羽の獲物を手に、時にはまったくの手ぶらで帰ってくる姿を私も目にすることがある。しかし、彼らに失望した様子はうかがえない。ご先祖様が何世代も繰り返してきたことを彼らもまた終日楽しんできたのである。

美々しきマッチョたちの群れ

男たちの最高の楽しみにして、モソ人の情景で男が果たすいちばん重要な役割は、母系家族のライフサイクルのため〝種馬〟としての務めを果たすことだ。社会人類学者の蔡華《ツアイ・ホウア》が著書に記すように、彼に課された任務は大地を草原にするため水を降り注ぐことなのだ。男は決して欠かせない水の担ぎ手で、子供を授けるために女が持つ種子を育む責任を負っている。なんといっても、女という女が母系家族のために子供を産むことを望んでいるし、そのためには〝草地に水を降り注ぐ〟男の助けが必要なのはわきまえている。一方、男の側からすれば、施しを授けることは無上の喜びで、心ゆくまで水を降り注ごうとする。

この目的を果たすためにモソの男たちは訓練を重ね、ハードルの高いオーディションを受けている。その際、格好の手本としたのがクジャクのような振る舞いではないかと私はにらんでいる。雌の気を引くため、雄のクジャクにはいくつか必要欠くべからざる条件がある。雄は大きくたくましく成長して堂々たる足取りを身につけ、つがいの季節には絶好調の状態にあることを知らしめようと身繕いする。もったいぶって歩きまわりながら、求愛のために華麗な尾羽を実物以上に大きく広げて誇示している。

地元の市場に行くと、尋常ではない数でマッチョな男たちがこれぞ雄のクジャクといった調子で闊歩している様子に私はいつもびっくりする。若い男性がすれちがいざま、私と目線を合わせてくるのはしょっちゅうだ。がっしりとした体格に、長く伸ばした黒髪はファッショナブルなポニーテイルに結ばれ、見た目も実に今風なのだ。私の前を大股で行く男性の背は高い。見た目にも秀でており、粋に被った大きな帽子のつば越しに、あたりの様子をまじまじと見ていた。私の行く手を別の男性が気取って横切っていく。これ見よがしの男ぶりに私は目をそらせない。

ルグ湖を訪れる女性の大半は、モソの男性の容貌は誰も驚くほど立派だという私の意見に納得してくれると思う。みんな本当にハンサムで、奇妙なことだが見た目については同じ部族の女性よりはるかにまさっている。しかし、男たちの魅力は容貌だけに負ったものではない。過剰なほどのナルシストぶりと男らしさに対する自意識もあいまって、呆れるほどの魅力を男たちは発散している。

もっと具体的に私のイメージを説明しよう。誰でもいい、市場で私の目にとまった男を例にする。顔立ちは凛々しく、彫りも深くてびっくりするくらいだ。表情豊かな太い眉、二重の目元からは濃い藍色の目がのぞいている。かぎ鼻は高からず低からずで、横から見ると四十五度のすっきりとした形をしている。中国の男性に多く見られる低くて平べったいお決まりの鼻とは違う。いたずらっぽく微笑んでいる。顔は陽によく焼けて、たいていカウボーイハットを被っており、しかもセクシーな目が引き立つようにわざと小粋な角度で被っているのだ。

体格は頑丈で屈強なだけに、これだけ整った顔立ちは呆然とするくらい魅力的だ。モソの男は大柄な者が多く、百八十センチを超えている者も珍しくない。体つきは筋骨隆々として腹筋はシックスパック、日々ジムに通って鍛える必要もない。夏の暑いころになると、見栄っ張りのモソ男はみごとな上腕二頭筋を見せびらかそうと、ノースリーブのTシャツを着て練り歩いている。

モソの男の手ほど大きくて、男らしい手を私は見たことがない。普通の男の手の平と比べてただ大きいというだけではなく、指も大半の男の指より太いし長さもある。モソ人以外の男性もこれには驚いている。

「すごいね。超人の手だよ」とびっくりしたのは日本の若い観光客で、ジュアシのゲストハウスに泊まっていた日のことである。当人も鍛えているのはひと目でわかるが、ジュアシと手と手を合わせてしまうとやはり弱々しい。

　至芸を極めた名優さながら、モソの男も見た目には限界があることはよくわかっている。どういうわけか、女性の心をつかむには超人ぶりを行動で示さなければならないと思い込んでいるのだ。物腰やボディーランゲージで男らしさを大いに訴える方法を身につけなくてはならない。ポーズというポーズ、物腰という物腰は当人のマッチョの神髄があまねく伝わるよう考え抜かれた末に振り付けられている。

　モソの男たちはみんな家から一歩出る前、自分の仕草を何度も練習していると私はにらんでいる。まいどまいど男たちは、人前で文字通り人の目を引くポーズをとり、女性がそばにいればいつも、あの手この手の男らしい〝クール〟な物腰で振る舞っている。練習でもしないかぎり、説明がつくような話ではない。本人の見え坊ぶりは、年月をかけて技術を磨いていくことで完璧になったのは見え見えだ。

　モソの男性の見え坊ぶりは子供のころから始まる。ジズゥオの孫シアオ・リウジーン《リトル・シックスポンダー》（小六斤）はようやく五歳になったばかりだが、すでに見え坊ぶりが兆しつつある。

「シアオ・リウジーン、一曲お願いね」と、祖父といっしょにジュアシのゲストハウスに入ろうとするシアオ・リウジーンに見知った顔が声をかけた。

　本人は呼びかけにたじろぐことなく、紙コップをつかむとマイクのように口元に当てるとポーズを決め、それからヒット曲を元気よく歌い出した。歌いながら途中、派手な動きのダンスでめりはりをつける。リズムに合わせて飛び跳ねたり、両手を振り広げたり、腰をぐるぐるまわしたりして、ベテランのロックスターさながらの堂々ぶりだ。大いに盛りあげて歌いおえると、そのまま目を閉じてドラマチックな余韻まで演出していた。正真正銘のプロの歌い手だ。

女性の心を引き寄せようとセレナーデを歌うのは、モソの男たちがこれまで使い古してきた戦術である。かつては、男は小舟で湖に漕ぎ出ると、対岸で待つ愛しの人に向け、湖上、伴奏《アカペラ》もないまま大声で愛のバラードを歌い始めた。似たような二行詩を使いながら、当意即妙の詩を歌に乗せ、恋の標的からこれという応答を引き出そうと目論んだ。

アハバラ　マダミ　向こう岸に赤い花がまばゆく咲いている
ゲムの女神様が私の幸せを願って贈ってくれた花にちがいない

男の声は大きくはるか遠くまで届くので、歌は意中の聞き手の耳にも達している。女もおもしろがり、モソ流の求愛法である〝相聞歌〟という古風な作法に応じ、返し歌が整ったら同じ調子で歌い返してくる。

バライアハ　アレウレウ　あれに見える肥えた豚は歌を歌おうとしているのか
豚に歌が歌えるとはついぞ知らなんだ

「これは脈あり」と男は考える。「この調子、この調子。このままとぼけて歌を返そう」

アハバラ　マダミ　見目麗しき豚だけがかわいい花に歌いかけられるのだよ
花というものは普段もっと優しげな声をしているけれどもね

相聞歌が時代遅れになると、モソ人もほとんど歌わなくなった。しかし、パーティーの余興などで私はユーモラスなセレナーデをたびたび耳にした。演じているのは古式の恋歌を思い出せる中年の域に達した人たちだ。

モソ人がストックしている歌と踊りは半端な数ではない。観光客を相手にルグ湖周辺の村や集落の多くで夜な夜な土地の踊りが披露されている。モソの男たちの本領が発揮されるのは篝火踊り《ジアチュオ》（甲搓）のリードをとるときだ。ダンスのリズムを整えながら、誰はばかることのない迫力で床を踏みならして踊り続けている。踊りに熱がこもってくると、男たちはみんな隣の奴には負けまいとさらに大きくステップを踏み、脚をもっと高く蹴り上げ、ますます力を込めて床を踏みならす。大声で交わされる唱和に加わりながら、次のステップはこうだという指示に声を張り上げる。一挙手一投足がショーマンシップの名にふさわしい。こうしたモソの男たちは掛け値なしに最高だ。

クジャクがお目当ての雌の気を引くように、モソの男たちの最大の関心事は、機会という機会を利用して女性の注意を自分に引き寄せることに尽きる。この目的を達成しようと、どの男も例外なく生まれついてのショーマンばかりだ。当人が誇示するのはマッチョな体、そして女性の目に魅力的に映ることにある。本人の身振り手振りや自信たっぷりの仕草はいずれも必要以上に大げさだ。踊るときもただ体を動かすのではなく、踊ることを演じきる。ただ民謡を歌うだけではない。ロックスターのように歌いのけるのだ。歩くときも同じ。森のなかのターザンのように威風堂々と闊歩していく。つまるところ彼が身繕いするのは、女性の目にこれぞ男のなかの男と映るようにするのが目的なのだ。実際、こうした努力の甲斐があり、モソの男たちは女性の目にはとても魅力的に映っている。それは〝マッチョ〟の詰め合わせと太字で大書された魅力だ。

これぞ誇り高きクジャクの最高例は、現代のルグ湖ですでに伝説と化した人物で、〝モソ人の走婚王子〟としてあまねく知られている。中国の旅行関係サイトでもこの人物に関しては多数取り上げられている。ニックネームの「王子」という部分は、無数の女性を魅了したとされるこの男性の超人ぶりに捧げられた賛辞であるのはまちがいない。「走婚」［訳註：中国語で「走」は「歩いていく」という意味］とは、結婚や終生に及ぶ一夫一婦制とは無縁のモソ人の愛情生活の実態に言及したもので、男は〝歩いて〟（現在の）恋人の家を訪ねて夜をともに過ごすと、翌朝、自分の母方の家へと帰っていく。

ドン・ファン中のドン・ファンとして知られる高名な人物——人によってはいまいましいだろうが——は、誰あろう私の義理の子供たちの伯父にして、わが家の設計兼施工業者であるジュアシその人にほかならない。百八十センチ《シックス・フッター》という堂々たる体軀、顔立ちは端正を極め、均整のとれた体からはこれぞ男というカリスマ性をにじませた、完全無欠のマッチョをまさに絵に描いたような人物で、はじめて会った者はひと目で彼に引き寄せられていく。山から降りてきた偉大なるモホーク族の族長が、行く手に出くわす者みなすべてを平らげていく姿にも似ている。低音のしゃがれた声がよく似合っている。ずば抜けた魅力に恵まれたこのモソ男は並はずれた自身のプロデューサーで、誰の力も借りないままこの十年でルグ湖観光のシンボルにのし上がった。リゲを訪れた観光客という観光客がジュアシの姿を探しているようである。何千回と写真を撮られてきたのでポーズのとり方は芸術の域に達し、カメラ目線にかけては世界のトム・クルーズさえ足元にも及ばない。

　ジュアシに見とれ、人目もはばからずうっとりとした女性なら私もたくさん目にしてきた。色とりどりのクジャクが住むこの土地でも、ジュアシは超がつく大スターなのだ。本人には近在はもちろん遠方からの親衛隊もいて、ひと目その姿を見ようとしているが、親衛隊は女性だけとは限らない。

　本人の種馬のような資質は男性さえ魅了している。この希代の女たらしと対面したとき、大の男がむきだしの羨望とまったきの称賛が入り交じった眼差しで見詰める姿も私は目にした。思うに羨望とは、生《き》の男らしさの見本のような人間を前に、見る側の男らしさが問われるゆえの羨望であり、称賛とは男というものはつねづね、自分よりも大きな者、勇ましい者に従うゆえの称賛なのだろう。ジュアシは自分をとても頼みとしているマッチョなので、地元の仲間は自分たちの群れのリーダーだと思っている。シンガポールからきた私の男友だちはジュアシを〝ランボー〟と評した。

　グミの血統を確かめようと彼女の口腔内粘膜を採取したとき、ジュアシの先祖はいったいどの系統なのか知りたくてしかたがなかった。本人を説き伏せてなんとかブラシを使わせてもらった。検査の結果には本当に驚いた。ジュアシの遺伝子が示していたのは、彼の父方の一族の祖先はノルウェー神話に登場する竜殺しの英雄「シグルズ」に連なっていたのだ。これによってルグ湖の超人は、先祖をたどればノルウェーのバイキングへといきつき、ご先祖様の部族はかつてアイスランド、オークニー諸島、ノルマンジーを平らげて植民地としていた。屈強なバイキングの強者が中国山奥にあるルグ湖まで遠路はるばるどうやってたどり着いたのかは私には謎のままだ。だがこのことは、ジュアシをはじめモソの男たちが、中国やこの地域で暮らす少数民族となぜ明らかに異なる風貌をしているかを示唆している。ひょんなことから私はアジアのバイキングに遭遇してしまったようだ。

「何人ぐらいとつき合ったの」

バイキングの風貌以上に、モソの男性をめぐり文字通り感服してしまうのは、クジャクとしての役割にみんな満足して屈託がない点だ。ルグ湖をはじめて訪れた際も、モソのクジャクたちの件についてては好奇心をかき立てられた。この湖には九つの小さな島が点在しており、そのうちのひとつの島にある仏教寺院を見にいこうと思い、二人の兄弟にお金を出して船で渡してもらった。漕ぎ手は十六歳になる弟、兄のほうはといえば舵取りと楽な仕事を選び、兄はその間も歌を歌い続けている。クールでしかもセクシーに見せようと本人は余念がない。

「ねえ、歌の練習をしているの」と軽い調子で尋ねてみた。

「ええ、上手に歌えなくてはね。聞いたことはありませんか。もてるためには颯爽としていなくてはならないし、歌もダンスも上手であるのがモソの男です。今日の夜、おしゃれして村の行事でこの歌を歌うんです。この歌であの娘の気を引きたいですね」

「幸運を祈っているわ」と答えたが、振り向けば弟は一心不乱に船を漕いでいる。船着き場に戻って降ろしてもらった際、あくせく働いてくれた弟にはたっぷり百元のご褒美を奮発した。

翌日の午前中、奇妙な偶然のせいで地元の婦人用品店でこの弟と再会した。友だちといっしょに女の子に贈る手ごろなアクセサリーを買いにきていたのだ。

「彼女がはじめてできそうだから、愛の記念品を買いにきたんですよ」と、友だちの一人がからかうように教えてくれた。

この駆け出しのクジャクには生涯に及ぶ性愛活動の初陣だ。私はにこにこ笑いながら、そんな彼に力添えできたことをひそかに祝っていた。

この一件から、モソの少年たちは生涯に及ぶ戯れの恋のキャリアを若いころに始めていることがうかがえる。私には若い男性の友人が二人いて、麗江市からルグ湖への長旅の機会に交わしたおしゃべりから判断すると、モソの男は実践を重ね、三十代を迎えるころにはいずれもいっぱしの色男《レディーキラー》に成熟しているようだ。時間をもてあましていたので、二人とは天気の話や今年の収穫の話、ウェイターから歌手そして観光バスの運転手になったという転職の話をして時間をつぶしていた。どうした弾みか話の流れが変わり、二人のなまめかしい性愛生活の話が始まる。私はこのチャンスに飛びついて、もっと詳しく聞かせてほしいとせがんだ。

「恋愛生活はいつから始まったの」が最初の質問だった。

「十八歳です」と一人が答える。

「十七歳です」ともう一人がすかさず答えた。

「思い出せるだけでも何人ぐらいとつき合ったの」と二人のうち年下のほうの男性に尋ねた。当人は二十八歳の観光バスの運転手で、仕事柄いろいろな人たちと出会う機会も多い。しかし、相手の返事は控え目な調子だった。

「ほんとうにごくわずかですよ。たぶん七十人か八十人といったところでしょう」

これでごくわずかだと言うのか。当人は連れの男性を指さした。こちらは三十一歳で、世慣れた様子で自信もあり気だ。年上なので数はもっと多いはずだという。

「なるほどね、それで何人ぐらいなの」と年上のほうにも聞いてみた。

「えーと、ちょっと待ってくださいよ」と答え、しばらく頭のなかで数えあげていた。ようやく返事が返ってきた。

「二百人以上、三百人近くかな」

「すごいわね。二人ともあっぱれ」。賛嘆の声をあげるしかなかった。

「で、女性はどんなタイプがいいの」が次の私の質問だ。

「なんといってもかわいい人」。即答である。「それからものわかりのいい人」

二人の話がとめどなく続いていくにつれ、モソのクジャクたちがどんなふうに事に当たっているか垣間見えてきた。ちょっかいを出す標的は美人である必要はないようだ。おもしろい女性であることがなによりで、男の興味をかき立てなくてはならない。年下、年上は問題ではなさそうだ。めかし込んでいる必要があるというわけでもない。ひとたび狙いが定められたら、標的が逃れられるすべはほとんどない。ステップに一分の狂いがないまま、クジャクの踊りが始まる、甘い言葉で誘い、男らしさをアピールしてその気にさせる。男たちはこうやって女をものにする。クジャクが相手の目を捕らえた瞬間、狙いは彼女に定められ、男は目標に向かってまっしぐらだ。

話の持ちかけ方はさまざまだろうが、しかし表向きの立ち振る舞いは相手の気を引くためなのは確かだ。モソの男たちに好まれている手口は、瞳をことさら輝かせながら相手の目をじっとのぞき込むという技である。こうした微妙でさり気ない仕草を加え、厚かましいナンパも完了する。相手が関心を示すようなら、そのチャンスにただちに飛びつく。あとはそのものズバリの言葉が続く。

「今晩、何時にしようか」

「どこで会おうか」

逆に相手が関心を示さなくても、そんなことは大した問題ではない。次のターゲットに移っていくだけである。モソの男なら、ナンパの機会に出くわしたら決して逃しはしない。そう言ってもあながち的外れではないだろう。モソの男ならたいていの場合、何も考えずにひたすら挑戦していくはずだ。

モソの女たちの恋愛生活にゲムの女神が感化を与えているという話が頭をよぎる。おもしろいのはモソの男たちもその点では同じで、男たちもまた女神山のうわついた面を恋愛遍歴の後押しだと見なしているのだ。

私に声をかけてきたり、火遊びしたりしたという男性について言うなら、モソのクジャクたちの土地にいるときほど、頻繁に口説かれたり、あからさまに誘われたりしたことはなかった。モソの友人たちと会食をしている最中だった。テーブルの向こうに座る若い男性が、トレードマークのあの瞳をのぞき込むような視線で私を見詰めていたことがある。腰を抜かしそうになった。また、ホテルに泊まっていたときのことだ。誰かが私の部屋のドアを静かにノックしている。ノックは途中やむことなく二十分も続いた。部屋に入れてほしかったのだろう。

ある日、グミと連れ立って市場に行くと、同じ集落に住んでいるというあまり風采のあがらない三十代の農夫を紹介された。私に近づいてきた相手は、笑みを浮かべながら握手しようと手を差し出した。その手をとった。手の平の中央を指で三度なぞられたのには本当にびっくりした。この仕草の話はすでに聞いている。「つき合わないか」というモソ人たちの合図だ。同じように三度なぞって返すと「イエス」という意味だが、私は返事をしなかった。それから数か月後、この男性がグミに私宛の伝言を頼んだ。

「自分と結婚してほしいと伝えてくれと頼まれた」とグミは笑いながら教えてくれた。

「で、なんて答えたの」

「『自分で言いなさいよ』って返事しておいた」とまたしても笑いながらグミは答えた。

ある晩、船着き場の近くでもっとハンサムなモソの男性に口説かれたときには、さらに革新的な仕掛けが施されていた。

「これから湖に向かって三度水切りするから、石を投げ終えたら返事を聞かせてほしい」

三十なにがしかのモソの乙女たちよりはるかにとうが立った女からすると、何度も口説かれることで、どちらかと言えば〝口説かれる機会のない〟都会の生活から清々しいほど気分を変えることができる。モソの男のような恋の手管は使おうにも厚かましくて腰が引けると理由はいろいろあるにせよ、ここ以外の土地の男性にもモソ男を見習ってほしいというのが私の願いだ。

すべてがあべこべ

マッチョな物腰のモソ男だが、中国の男性が何千年にもわたり近寄ろうともしなかった軟弱で〝女性的な〟面を敬遠する者は誰もいない。
モソの家庭生活でなにより微笑ましかったのは、五歳のシアオ・リウジーンがまだ赤ん坊の妹を心から気遣ってあやしたり、世話をしたりしている姿だった。似たような光景を何度も目にしたので、モソの男性にとって、子守り役として弟や妹、幼い親戚の面倒を見るのはごく自然なことなのだろう。家の赤ん坊やよちよち歩きの子供の面倒を見るという〝女性的な〟役割を分担しろと小さなころから教えられている。

中国の家庭では子育てや家事は昔から女の子の仕事とされ、都市や村で私が目にした少年は手伝おうともしなかったが、モソの男の子はそうではないまま大きくなる。妹をおんぶし、足元のおぼつかない弟の手を引いていろんなところに行くのは、モソの少年にとってはなんでもないことで、年下の者に気を配るのはむしろ当たり前だ。子供はそうした考えを身につけながら成長していく。仕事の件で年配の男性と話をしなくてはならなかったときがあったが、双子の孫娘を沐浴させ、おむつを替え終えるまで待たされたことがある。

装飾品で身を飾るのが女性の特徴とはいえ、モソでは男性も普通に装飾品を身につけている。モソ男は根っからの宝石好きだ。ほとんどの男が少なくとも二つの大きな指輪を一方の手もしくは両手にして、さらにフェイクの象牙か骨で作った腕輪をつけている。この組み合わせの仕上げとして小さな仏像のお守りを首にしている。これら三点に加え、大型動物の歯や小粋な煙草入れを首からぶら下げている場合もある。モソの男たちは部族の平均的な女性より自分を飾り立て、宝石をきらめかせる。別のタイプの男性にはけばけばしい身なりで、むしろ女々しい印象ではないかと思われるかもしれない。モソの男性だけではないが、当人があまりに自信に満ちているので、装飾品をつけていようが見た目の男らしさが減じるようなことはない。クジャクの尾羽を広げていても、男らしさはなぜかにじみ出てくるものなのだ。

モソの男はナイトクラブに行くと男同士で踊っているが、マッチョたちにはためらいはうかがえない。はじめて見たとき、その様子に私は異様な好奇心を覚え、同時に中国の伝統にとらわれた男たちなら頭を抱えてしまうだろうと思った。これについて私は、楽しむことにかけては何があっても決して諦めないモソの男ならではのもうひとつの好例と考えている。男同士で踊ろうが、もっと大人数の男といっしょに踊ろうとも、彼ら超人の社交サークルはあますところなく受け入れている。

この気取ったクジャクたちの国にいて、私の興味をさらにかき立てた出来事とは、資産家の女性をものにした若い男たちの数である。彼らにとっては、地元にあって不便を強いられる生活から抜け出す手段なのだ。

この手の若い男性は私も一人知っており、まさに百戦錬磨の女たらしという評判だった。歌と踊りで大勢の女の心をとろかし、とくに相手が休みにルグ湖を訪れた都会の女性の場合はなおさらである。その彼が最後にものにした女性は、隣接する四川省の省都成都からきた離婚歴のある資産家で、彼は正式にこの女性と結婚した。女性のほうは自分の新しい男に惜しみない愛とお金を与え続け、レストラン建設の資金を融通し、彼の母方の実家を民宿に改造したばかりか、車を二台買い与えた。グミの住むバジュの集落出身の別の知人は、女性の資金援助のもとに観光バスをはじめて買った。この女性もまた成都の出身である。

おもしろいことにこれとは逆の話を中国の都市でよく耳にしている。中国では若くてかわいい娘が金銭の面倒を見てもらおうと手練手管を駆使して、金持ちの年配の男性をものにしている。いまどきおなじみの手段で、男性支配の社会のなかで、男が持つ金や力に頼る女たちはこうやって世の中を渡っている。

女たちの王国では物事はあべこべに展開している。女家長の世帯がものをいう社会では、男は家の財産をみずから直接管理できず、独立して自分でやってみたいと願えば、どこか別の場所を探そうという思いに駆られる男もなかにはいる。種に水を注ぐという役割を生かし、外の世界の女性に自分を受け入れる支持者が見つかれば、彼女を足掛かりにすることができるだろう。

この手口はモソの男性には効果があるかもしれない。ただ、モソの姉妹たちにこの方法はどうでもいい。彼女たちにはそんな必要はないからだ。女性が負い続けている責任は、母系の血筋を絶やさず、一家の農地と家業を維持させていくことにあるからだ。彼女たちは兄や弟が求めるような〝逃げ道〟を必要としてはいない。ひと旗あげる必要もない。それは兄や弟に委ねられている。

モソという母系社会で、自分が置かれている特別な地位に女性が自信を覚えているなら、男性もまたお祭り騒ぎが好きなこの社会で、色男たる自分の役割を果たすことに自信を抱いている。彼らは社会におけるおのれの地位をわきまえ、自分たちのマスコットである物言わぬクジャクのように男らしくあることを受け入れているのだ。彼らは実に堂々としている。

第9章　結婚ではない結婚

「走婚」のさまざまな形

モソ人をめぐる話でも圧倒的に人の関心を引くのは、彼らの愛をめぐる物語である。モソ人たちの性愛生活は「走婚」という部外者には夢にも思わない方法で営まれている。

走婚はモソ人の生活をめぐる物語として頻繁に語られ、人口にも膾炙してきた。人類学者と社会学者は走婚を詳細に研究し、作家はこれをテーマに多くの作品を物した。ドキュメンタリー映画の監督も走婚を題材にして数え切れないほどの映像を撮り続けてきた。同時に女たちの王国をめぐる物語のなかで、もっとも誤解に満ちているのも走婚とは何かにほかならない。

多くの作家が走婚はフリーラブだと説いている。フリーラブでは性交渉の相手はパートナー一人に限られてはいない。一方でオープンマリッジだと説く者もいる。同時に一人以上の妻や夫がいる複婚というレッテルが貼られることもあれば、女性が複数の夫を持つ一妻多夫制とか、あるいは一人の男性が複数の妻を持つ一夫多妻制であると分類されることさえある。

実際のところ、以上のような分類は走婚の概念とどれもしっくりなじむものではない。「走婚」という言葉の「婚」の部分がそもそも違っているのである。結婚というものが妻と夫のあいだの関係性で、恒久的な核家族を築くうえで一対の男女が中核を担うというふうに理解されているなら、モソ人の走婚は断じて結婚と呼べるようなものではないのだ。モソの社会には結婚という概念がないばかりか、家族の「夫」や「妻」という概念すら存在しない。そして、走婚の「走」つまり「訪《おとな》う」の部分は、一夜の喜びを分かつために男性が女性のもとに「歩いていく」という行為を単に言いあらわしたものにすぎない。

愛の物語としても走婚は他に例がなく、また家父長制のもとで行われる結婚に関する言葉ともまったく異なるので、父系制の結婚と走婚を掛け値なしに比べることはできない。走婚はそれが行われている別世界で、それ独自の条件に基づいて行われているものとして理解されなくてはならない。何年も考え抜いた末、私もようやく走婚の意味と具体的な姿を理解することができたのだ。

立ち位置を定めるには、まず正確な言葉を使うことだ。手あかのついた「走婚」とか「訪妻婚」の代わりに、折に触れてモソ語による原語、つまり「訪う」を意味する「セイセイ（瑟瑟）」という言葉を使うことにする。ロマンチックな要素をはぎとれば、「セイセイ」の原義は、女性と男性が人目を忍んで行う行為そのものにほかならない。身もふたもなく言うなら、男女間の「セイセイ」は、どこにでもある性的な営みと大差はない。「セイセイ」はそれを表立って言う場合のモソ語の別の言いまわしだということである。

この地をはじめて訪れ、朝食つきの民宿に滞在していたとき、宿主の一家の招待を受けて、夕食後に囲炉裏を囲んで家族とおしゃべりに興じるという得がたい体験をした。居間の中心はこの家の祖母である。祖母には二人の成人した娘がいて、姉は四十代、妹のほうは三十代だった。さらに祖母は上の娘が産んだ十代の孫、下の娘が産んだよちよち歩きの一歳の孫を紹介してくれた。お茶を飲んでいると、中年の男性がバイクで訪れ、お茶の席に加わった。男性は祖母とは挨拶を交わしたものの、十代の孫や赤ん坊には気を遣っている様子はなかった。男が挨拶を済ませると、下の娘が立ち上がり、十代の姪に指図しつつ、男性といっしょに部屋をあとにした。

「赤ちゃんから目を離さないでね」

姪はうなずいていた。部屋を出ていく叔母のあとを男性がついていく。木製の階段をあがっていく足音が聞こえたので、下の娘の部屋に行くようだ。そのとき、この男性は彼女のアシアで二人は走婚の関係にあると私はふいに覚った。

居間にいるあいだ、男性は娘の赤ん坊をとくにかまうわけではなかったので、おそらく赤ん坊と男性のあいだに関係はないのだろうと思った。本人の振る舞い方からして、この男性が赤ん坊の父親である可能性はなかった。しかし、それを口に出して尋ねることはできない。恋愛について根掘り葉掘り尋ねることはきわめて無礼と考えられていると、モソに関する本にはいずれもそんな警告が記されていた。

びっくりしていた。「セイセイ」の実例をこんな間近でしかもリアルタイムで目撃することができたのは望外の喜びだった。セイセイはそれと気がつくこともまれな個人的なことで、とくに始まったばかりの期間は家族にさえ伏せられているのも珍しくはない。

女性が新しい愛人を選んだとき、その恋が一夜限りの戯れにせよ、あるいはこれから育もうとする関係であっても完全に秘密にしたまま営まれるのが普通だ。アシアが彼女のもとを訪れるとき、二人は必死になってナナ・セイセイ――人目を忍ぶセイセイ――を隠そうとする。あいびきの場所はいつも彼女の部屋で、男の家で会うことはない。いうまでもないが、二人の逢瀬を私が目撃したわけではない。しかし、彼女の実家の花楼でアシアが夜を過ごしているのは私にもわかった。この部屋は彼女が成人を迎えたときに授けられた居室だ。

典型的なモソの家庭では、娘たちの花楼は中庭に面した別棟の二階にあり、祖母の間からは離れた位置に置かれている。花楼は女性一人ひとりのプライベート空間で、彼女たちはこの部屋で秘密の逢瀬をはじめ、自分の好きなようにして過ごすことができる。

アシアとのあいびきはいずれも詮索好きな家族や他人の目を逃れて行われているが、人目を忍ぶセイセイが観光客向けの歌あり、踊りありの寸劇として演じられる段になると、モソの人たちは臆面をかなぐり捨てる。

観客が見守るなか舞台の照明が落ちていくと、カウボーイハットを被った男がモソの家に忍び寄っていく。二階の窓から女性の顔が現れた。静かな夜に耳を傾け、男が窓ガラスに向けて投げる小石の音を三回確かめる。この前会ったときにしめし合わせた合図だ。うしろを振り返って誰もいないことを確かめると、訪問者が入ってこられるように女はそっと窓を開けてやった。男はすばやく壁を登っていき、花楼の窓にとりつく。女のキスを受けながら、男は花楼のなかに転がり込むと入り口のドアノブに帽子をぶら下げた。

明かりがふたたび落ちていく部屋で二人はキスを交わしている。そこにもう一人、カウボーイハットを被った別の男が入り口のほうへとこっそり忍んでいく。その手が入り口をノックしようとしたときだ。彼はびっくりして退いた。ドアノブには別のカウボーイハットが掛かっていることに気がついたのだ。落胆してがっくりとうなだれたまま花楼から立ち去っていく男。恋敵に出し抜かれてしまったのである。ドラマとして演出された最初のカップルのナナ・セイセイはここで満場の拍手を迎える。そして、花楼の棟で待っていた別の男というサブストーリーは、アシアが入れ替わり立ち替わり現れる可能性をほのめかしている。

第二幕は舞台背景が同じままで始まるが、スピーカー越しに鶏の声が聞こえてくるので夜明けごろの時間設定である。ふたたび花楼の窓が開けられる。お別れのキスをした男は窓から身を乗り出すと壁伝いに地面に降り立ち、朝ぼらけの薄明のなかに逃げ込んでいった。観客もモソのアシアたちのナナ・セイセイの夜はこれにて幕と了解して、総立ちになって喝采を送ってから会場をあとにする。

あまり脚色もされておらず、人目をはばかっている様子からして、演じられている走婚はほぼ現実のものに等しいのだろう。ゆきずりのひと晩だけの密会も同じである。前の章で私につき合った女性の人数を教えてくれた二人は、人目を避けたナナ・セイセイで会った女性の数を含めていたので、二人ともあれだけの人数になってしまったのだろう。ナナ・セイセイに耽るのはモソ人たちのあいだでは珍しくはない。男女を問わず誰もがやっているし、若い者であればなおさらだ。ゲムの女神様も長年連れ添うアシアの山神がいながら、見劣りするほかの山神との逢瀬を重ね続けた。

「いい、走婚のすべてがすべて、ひと晩だけってわけじゃない」。友人の女性がそう口にしたのは、走婚について腰を据えて話し合っていたときだ。「私のようにずっと同じアシアという人は大勢いる。大人になってからアシアはずっと同じ男だよ」

定期的に会うことを決めたカップルは、時とともに安定した関係を築き上げていく。そうなると二人の関係はこれまで以上に公然のものとなり、民宿の娘を訪れたあの男性のように、〝歩いて通った〟男も相手の家族の前で身を隠すこともなくなる。

訪問は依然として夜に限られるが、男性はあらかじめ決めた日程に従い、人目をはばかることなく出入りするようになる。モソ語で「グォピエ・セイセイ」といい、二人の関係が「隠しごとがない《オープン》」「明らかな」ものになったと地元の人は見なすようになる。関係がひとたびオープンになると、関係を秘密にしておく必要がもうなくなる。中年の場合、長年つき合った特定のアシアと「グォピエ・セイセイ」して落ち着き、長い絆を結んでいくことに満足しているのが普通だ。

私が知る六十代の庭師は優しく温和で、みんなから「アプ」と呼ばれている。「アプ」とは「祖父」という意味で、アプもまた長年ともにしてきたアシアとグォピエ・セイセイの関係を続けている。アプの走婚で目を引く点は、母方の家で姉妹やその子供たちとともに暮らしながら、実家のすぐそばに建つアプのアシアの母方の家に入り浸りという点だ。この四十年というものアプのアシアは一人きりだったが、本人は両家の行き来に満足している。

性愛生活の営みをめぐるこの謎めいた形についてさらに考えを深めていくと、グミとギジの二人のあり方ももうひとつのタイプのセイセイの類であることがはっきりしてくる。このカップルは、グミの母親が地所を娘に分けあたえると、二人で家庭を構えることを選んだ。

以来二十年、二人だけで一家を築き上げ、私の義理の子供二人をもうけた。グミとギジの関係は生涯にわたって続きそうだ。ある日、私は勇気を出してこの話を本人に切り出してみた。

「ギジとは結婚したの」

「していない。結婚の必要がないのよ。このままがいちばん」と相手は答えた。

二人は走婚の関係にあって、法的な婚姻にはいたっていないと理解した。そして、このタイプはモソ人には「チ・ヂイ・ジ・マオ・ティ」、つまりアシアとして寝起きをともにし、コミュニティーにおいては社会的に公認されたカップルを意味する。

友人たちを見まわし、私はさらに走婚のいろいろなパターンを見つけた。私の相棒でグミの五番目の兄さんであるジズゥオはこれまでの生涯、養母といっしょに彼女の家で暮らしてきた。二人だけの家族で若い娘は一人もいなかったので、ジズゥオのアシアを家に入れ、〝養女〟にするのがいちばんいいと決まった。家に若い娘がいれば一家が養母の血筋をつないでいけるチャンスも高まる。カップルのあいだに二人のかわいい娘が生まれると、娘たちに養母の家名「ハンサ」（漢散）をつけた。こうすることで〝無理にでも〟母系のつながりが途切れないようにしている。このような組み合わせは「ジ・ティ・チ・ヂイ」とモソの人たちは呼ぶ。

この逆のケースも珍しくはない。エーチュマがリゲの土地を相続することになると、重労働が増えてくるので、面倒を見てもらえる男手が身近にどうしても必要になった。そうした事情からアシアであるジュアシが彼女の家に入る。ただし、このケースの場合、ジュアシは正式な〝養子〟としてエーチュマの家に入ったわけではない。ジュアシの家名はそのままで、家業の件の話になると一家に属する者ではないと見なされている。この種の問題で発言権を持つのは、母系家族の一員か〝養子縁組した〟アシアに限られる。

結婚の制約を逃れた性愛生活

モソの性愛生活がユニークであるのは結婚が完全に欠落している点だ。単に結婚をしないというだけではない。社会的な意味においても法律上の点からも、女性と男性は夫と妻として夫婦にはならない。生涯ともに暮らしていても、モソ以外の世界が理解するような意味で〝結婚〟はしていない。モソの社会とは、夫がいなければ妻も存在しない社会なのである。

私が知る限り、結婚という制度を持たない社会は世界のどこにも存在しない。伝統的に結婚が抜け落ちたモソの世界では、女性と男性は決して核家族を形成しない。自分たちと子供からなる独立した世帯を作るつもりはないのだ。モソという異次元世界では、〝核〟家族とは、祖母とその娘、母系に連なる子孫からなる独立した世帯のことなのである。このような家族では、アシア――私たちの世界なら夫や妻に相当するのだろう――にはその一員に加わることを願い出る必要がなくなる。

結婚の制約を逃れた恋愛という状況のもと、何人の愛人を持つかは当人の望みしだいだと、モソの人たちが誰しも思うのも容易に理解できる。

モソの人間は人生をどのように送るのか多彩な選択肢を持っている。人目を忍んでアシアとつき合うのか、あるいは公然とつき合うのか。養子に迎えることもできるし、結婚証明書のあるなしにかかわらず、カップルとしていっしょに暮らすこともできる。さらにいうなら、このような選択がかならずしも人生における一回きりの選択とは限らないという点である。選択は人生のいかなる段階においてもつねに開かれていて、いつでも、何回でも選べるし、続けざまに選んでもよく、同時に選んでもかまわない。当人の意志しだいで、選択肢の組み合わせにも際限はない。彼女もしくは彼がどのようなセイセイを選ぼうとも、それでとやかく言われはしないのだ。

「私はね、いまもやっているんだよ」と語ったのは友人の祖母で、はじめて会った際、一家の走婚について尋ねた私に実にあっけらかんと答えてくれた。

別の友人の女性は兄弟姉妹七人の大家族の出で、七人とも父親は母親が長年つき合ってきたアシアだ。彼女の姉妹や兄弟のことは全員よく知っていたので、当の友人から自分の姉だと見知らぬ女性を紹介されたときには私も言葉に詰まった。

「お姉さんとはお宅で会ったことはないようだけど」と知らぬふうを装って聞いてみた。

「お姉さんの母親の昔のアシアがうちの父さんなの。だから、私たちはお姉さんと呼んでいるの」

長い期間にわたってひとりのアシアと走婚関係《セイセイ》にある男でさえナナ・セイセイをこっそり行うことができるのだ。モソの人たちは、つかの間の恋の相手が時折現れたからといって、それで当人と彼女、あるいは彼との関係が破綻するわけではないのが私にもわかりかけてきた。

誰もが選択の自由を持つ環境にあって、恋愛とセックスに対してモソの人が健全な態度で向き合っているのは確かだ。恋愛は自由で、せっせと行われている。ほかの世界に見られるような社会的、宗教的な数々の制約にモソの恋愛はとらわれていない。こうした世界では家庭を支える礎石として結婚が行われている。想像されるように、私たちの世界では当たり前のタブーをモソの人たちは持ち合わせていないのだ。

このテーマに関連してもうひとつだけ、私にはどうしても知りたかったことがあった。飛び入りで参加した男だけの飲み会で私はこの話題を持ち出した。
「モソには同性愛者はいないの」。私は何気ない調子で尋ねた。
「おいおい、冗談だろう」。ひときわ大きな声が男たちからあがると、聞いたこともない哄笑がわき起こった。

話を異性愛の世界に戻せば、ここではよその文化に見られる煩雑な求愛の作法にからめとられてはいない。モソ流の誘惑には、私たちが〝デート〟という事前段階がこれっぽっちも存在していないのだ。これがモソの求愛作法の神髄で、それを立証する証拠なら私もいやというほど目にしてきた。誰もが手間暇かけて口説かれようとは思っていない。アシアになってもらう前に、お決まりの三回のディナーデートとか、あるいはもったいぶったプロポーズの類はいっさいないのだ。中国の男たちは、女に家事の腕前を求め、初夜をともにする相手には処女であることを要求する。そうでなければ別の男の子供が自分の跡取りになりかねないからだが、モソの男はこの点でも中国の男とは違う。

驚きということでは、選択の自由が女性と男性の双方にある点に尽きるだろう。女性と男性がまったく平等なのだ。家父長制が支配する外の世界から見た場合、これはやはり驚異にほかならないが、モソの世界ではこれしかない。結局、ここは女たちの王国なのだ。

「モソの人たちは普通、何人ぐらいと性交渉を持っているのか」と聞いたのは、私に会うためにルグ湖を訪れた若い男性の友人だ。来訪者にモソの恋愛事情を話すと、かならず問い返されるのがこの質問である。

「統計は読む社会学の本しだい」と答え、私はいつも断言を避けている。

モソの女性の生涯打率は四~五人と唱える学者もなかにはいる。もっと多いと説く学者もいる。確実に言えるのは女性よりも男性のほうが相手の数ははるかに多く、少なくとも十人以上だ。統計学的な点を踏まえると、人口基盤に変化がなければ、男女の平均値が双方で異なることはないといわれた。もしそうなら、それぞれの数値は女性も男性も以上の数値の中間値八~九人ということになる。もろもろの点を踏まえると、このあたりが妥当な数字だ。人数が何人だろうと、重要な点はセックスした相手の頭数ではなく、生涯においてそうした相手を何人も持つことが、モソの生活としてごく普通に受け入れられていることなのだ。

知人の一人にすでに成人した五人の子供を持つ祖母がおり、この祖母のセイセイの歴史は、私が聞き取ってきたモソの女性の物語としてはまさに典型的な例だろう。五人の子供は似ているにしてもごくわずかなので、それぞれ別のアシアの子供を身ごもったのだとわかった。大っぴらに尋ねることは控えたが、手がかりを話してくれたのは、私がバジュの村のグミの娘は自分の義理の子だと口にしたときだ。

「それじゃ、まんざら縁がないわけでもないね」と相手は答えたが、それ以上詳しい話は教えてくれなかった。

好奇心に火がついて、この祖母との家族関係の可能性についてグミに問いただした。

「あのお祖母さんに末の息子が生まれたとき、お祖母さんのアシアだったのが私の母方のおじだった」

その後、この祖母の物語をつなぎ合わせてみた。彼女には生涯で四人のアシアがいた。最初のアシアとのあいだに二人の娘をもうけると、二番目のアシアで息子を産み、三番目とは三女を、そして最後の四番目のアシアとのあいだで産んだのが、そうではないかと私がにらんでいるグミのいとこだ。

複数のアシアという祖母の話は、まちがいなく精力旺盛な中国の男たちの怒りを買うはずだ。男は一夫多妻で、女は生まれついての一夫一婦という家父長制の物語を自明のものとして彼らは育った。たとえば、男には好きなだけの数の妻や愛人を持つことが許されている。夫以外の男性に対し、女性にも同様な権利があるという話は口にする価値さえ認められていなかった。

中国の皇帝が何世代にもわたって暮らしていた北京の紫禁城を訪れた人なら、いにしえの城にあった後宮を歩いたことがあるはずだ。全盛期、ここには何百という妃嬪《ひひん》が暮らし、皇帝に声をかけられ、褥《しとね》をともにする日がくるのを待っていた。

私の父親もかつての中国の皇帝と同じメンタリティーの持ち主だった。成功した実業家として、仕事で訪れる各港に別の愛人を囲った家を構えるだけの手段と機会があり、私たちは父の第一夫人である母親といっしょに自宅で暮らしていた。そして、中国の男たちが自分たちの特権だと考えてどんな振る舞いに及んでいるのか、そうした類のたくさんの実話を振り返れば、父親が唯一の例というわけではなかった。

一方で中国の女性の場合、事情はまったく違っていた。祖母が聞かせてくれた話をまだ覚えている。封建時代、結婚した女が夫以外の男と床に入っている姿が見つかろうものなら、女には恐ろしい運命が待ちかまえていた。女の犯した罪は不道徳極まりなく、妻に対する夫の権威をはなはだしく汚《けが》すものとして、近隣の者の激しい怒りにさらされる。女と不義の相手は竹で組んだ豚の檻に閉じ込められ、潔白を証明するために檻ごと川に投げ込まれる。檻から逃れて自由になり、川面に浮かびあがってこられれば、二人は潔白であると宣告される。そうでなければ有罪で、死をもって破戒の罪を償う。

〝父親〟たちの事情

セイセイがどういうものかに話を戻そう。アシアを「彼女のもの」とか「彼のもの」として扱うような人間はモソには一人もいない。それを示す証拠などない事実を知って、私は清々しさを覚えている。セックスの点でも、アシアは特定の彼女や彼のものではない。そもそも誰もアシアを専有物などと考えてはいない。結婚という制度がなく、女性と男性を貞節によって妻と夫として独占的に結びつける絆がない社会の枠組みでは、すべてが道理にかなっている。そして、部外者であるアシアを家族のメンバーから締め出すという母系家族の文脈の点でも、モソの流儀は筋が通っているのだ。

モソの性愛生活の中心にあるのは、セックスの相手として誰を選ぶかは、男女を問わずいつでも個人一人ひとりの自由だということだ。誰も別の人間の〝所有物〟ではない。だから、セックスの相手は一人でもいいし、複数のパートナーがいてもいい。同時につき合っていても、立て続けにつき合うのも当人の思いのまま。アシアが〝訪妻〟して、カップルが二人になってはじめてアシアはアシアとなる。事実、アシアの昔ながらの意味とは、彼女もしくは彼が恋人と褥を分かち合うとき、そのときどきの恋人を指していた。男が花楼を立ち去った瞬間、アシアとの関係は終わる、同じ男性がふたたび恋人のもとを訪れれば、男はこのときもまたアシアになる。

外部の者の多くがモソの性愛生活は自由でオープンだと考えているが、実際は誰の目にも本当に

〝オープン〟というわけではない。モソ人にとって恋愛とは、心おもむくままに与えたり、受け取ったりするものではあるが、秘密のベールで覆っておかなくてはならないものなのだ。男女の契りは人目をはばかって行われ、たいていの場合、ほかの者に打ち明けられることはない。長年にわたるパートナーと知られている恋人同士でも、人前で公然とその事実をひけらかすような真似は決してしない。モソの女性は本当にシャイなので、誰かとつき合っていることなど決して認めない。口に出すこともなければ、アシアと町を練り歩くようなこともない。

自分の恋愛にシャイであることは、単に謙虚ということではない。モソの人たちはいずれも、年長者や異性の親族の前ではセックスにかかわる話題は決して口にしてはならないと、若いころから教え込まれている。女同士で集まって相手のアシアについて冷やかすぶんにはいいのだが、それでも私は「シィーッ」と何度も注意された。私がこのルールを忘れ、居合わせた友人たちがたまたま姉妹や兄弟、あるいは性を違えるいとこ同士だったりした場合にこの種の話を口にしたときである。

アシアとの関係は世間の目から閉ざされているので、外見からカップルだとなかなか知ることはできない。町に出向いたときも、知り合いのアシア同士が連れ立って歩いている姿など目にすることもまれだ。その代わり目にとまるのは女同士、あるいは男同士でぶらぶら歩いている姿である。女性は市場に行くときも自分の親戚や友人と連れ立っていき、アシアと並んで歩いている姿を見ることなどめったにない。古きよき時代、カップルは外でいちゃつくこともなく、二人の関係が世間に知られないまま関係を続けていたのだろう。土地を訪れるたびに男女を問わずたくさんの人と友人になったが、誰が誰の昔からのアシアなのかと知ったのは何か月、あるいは何年もたってからのことだった。

カップルで出歩くことは人前では慎むべき振る舞いなのだ。二人だけの関係に制約を設けているモソ人の世界観は、私たちの現代社会で見受けられる「一心同体」を重んじる領域のまさに対極に位置している。薬指に指輪をはめないばかりか、アシアについて話が及ぶ際も「私たち」と言うことはほとんどない。これ見よがしのカップルであふれ返る世界にいて、「私たち」を際限なく口にしながら一対一の会話につき合わされるより、私にはモソ人の控え目なかかわり方のほうがはるかに落ち着いていられる。

モソ人は日々の大半を普段の仕事で過ごし、アシアとは無関係に暮らしている。二人の生活はともに協力して生きていこうという生活とはほど遠く、まちがっても毎週二十四時間いっしょということはありえない。相手の居場所をチェックしたり、相手がいま何をしているのか電話をかけたりするアシアの姿は見たことがない。相手の愛を独り占めしないのとちょうど同じように、そばにいてほしいとか、相手を拘束する権利を言い張ったりはしない。

逢瀬を交わす夜の時間がくるまで、あるいは家事や農作業をたがいに手伝ったりしている以外の時間は、たいていの場合、めいめい自分の好きなように過ごしている。友人のアシアの姿が見えないときなど、彼はどこと本人に尋ねたのは一度や二度のことではない。

「知らないわよ。家の用事でどこかに行っているんでしょう」という返事がいつも返ってきた。もちろん、ここでいう家とは友人の家ではなくアシアの家のことで、返事の調子から、それは自分には関係はないという様子がうかがえた。

モソのライフスタイルでは、すべての道は母系家族につながっている。アシアではなくなにごとも個々の母系家族が優先されている。アシアが時間を割いて自分の家の用事に応対しても、私の友人はそれでとやかく言ったりしない。そんな例はごまんと見てきた。モソ人の生活はあくまでも家がいちばんなのだ。自身の家がとりわけ大事で、その家にまさるほどの言い分を持つアシアは一人もいない。祝いごとや家族の病気、あるいは誰かが亡くなったとか、家で何か事が起きると、モソ人はただちにすべてを放り出し、呼び出しに応じるのがつねで、アシアもなにごとかと問いただしたりはしない。こうした光景を何度も目撃してきた。事の原因や理由を尋ねようと夢にも思わないのは、彼女であれ、彼であれ、アシアにはそんな権利がないと承知しているからである。カップルになったからとはいえ、人の家の事情にまさる権利がないのは、アシアはその母系家族の一員と見なされていないというまさにそうした理由のせいである。

それだけに、女性が産んだ子供のうちどの子供が現在のアシアの子供なのかそうでないのか見極めるのは容易ではないし、それどころか、そもそもこのアシアは彼女のどの子供の父親でもないのかどうか、それを見定めるのは至難のわざとなる。長年にわたり、別のアシアがその子供の父親だとされてきた場合もある。とはいえ、母親や家族やコミュニティーの目には、生まれた子孫はどの子供も母親の家族の一員で、土地の人間にはそれで十分なのだ。父親の詮索はまったく問題にされない。それが問題にもならないのは、母方の血筋に厳密に準じ、その血統を重んじる社会では、子供の父方の祖先などどうでもいいことなのである。

バジュの村に住む友人と彼女の隣家の女性のとても近しい関係を見て、〝父親〟の存在がいかに無意味なのかを私はまざまざと知った。この二人は何をやるにしてもいつもいっしょだ。田植えや稲刈りを助け合い、子供の成人式をともに祝い、買い物のために毎週町に出かける。相手のことはたがいに大の親友だと考えている。二人に〝関係〟があることなど、当人はもちろん二人の親戚も思ってもいない。

「ねえ、隣のあの人だけれど、私とまんざら関係がなくはないことに気づいていた」。ある日、当のその友人が私に打ち明けた。「あの娘が生まれたころ、私の兄さんがあの子のお母さんのアシアだったのよ」

父と夫という家父長制の世界なら、私の友人は隣の女性の叔母となり、同様に隣人は友人の姪になるのだろう。しかし、父や夫のいない二人の家母長制の世界では、アシアだった友人の兄の存在は、隣の一家あるいは友人の一家には何も意味を持たない。だから、二人の女性は友人であって、親戚ではないのだ。

モソの家族では父権に重きは置かれていないが、だからといって子作りを助けた男性のアシアが完全に無視されているわけではない。子供の母親と祖母はもちろん、おそらくこの時期母親のアシアだった男性も子供と自分との関係には気づいているだろう。村の住民でさえ、水をまいたと思われる男の正体についてはうすうす感づいているようなのだ。

「あそこに座っている若い男は、たぶん村の誰それの息子だよ。顔が生き写しだと思わないかい」と年配の女性に聞かれたことがあった。

モソ語にも「アブ（阿吾）」という「父親」を意味する言葉は存在する。しかし、アブは家父長制社会で見られるような父親に課された義務や責任をまったく負わされていない。アブの子供は母親の実家に所属しているので、アブには自分の子供だと申し立てることはできないのだ。養育する必要や面倒をみる必要もない。それは母親と母親の家族が行う。母親や子供の社会的地位を裏づけるためにアブの身元を明らかにする必要さえない。これもまた母親と母親の家族が行っている。

モソ人の家族生活でアブが占めるパッとしない立場を考えれば、なるほどモソの人たちが自分の父親について話をするのはほとんど聞いたことがないし、少なくとも年配の世代ではなおさらだ。相手が進んで教えてくれなければ、父親は誰かなど大っぴらに聞いてはいけないと私も忠告されたことがある。彼女もしくは彼が自分の父親は誰か知らないのはとりたてて珍しい話ではなく、むしろ自分の母親のプライバシーや私生活の過去のいきさつを詮索するのは不作法と考えられている。個人のアシア（もしくはアシアたち）をめぐるこのプライバシーはモソ人に深く染みつき、改まった席ではアシアの「ア」の字さえ口にすることがはばかられる場合もある。

子供が生まれてアブとなったとき、モソの男性には三つの選択が可能だ。さきほどの友人の兄と隣家の女性の関係のように、子供の存在は鼻から無視することができる。道で出会ってもアブと娘はたがいに素知らぬ顔だ。

もうひとつの選択は、アブは子供に自分の存在を伝え、春節や成人式の祝いといった特別な機会にプレゼントを贈る。グミの甥に当たる男性がまさにこれで、アシアとのあいだに以前生まれた息子に会うためにバジュの村に足を運んでいる。

また、父親の役割を全面的に引き受けることもできる。エーチュマと二人の子供といっしょに暮らすジュアシのケースのように、とくに子供の母親との愛情がいまだ冷めていない場合が多い。家父長制の家庭のように、子供を養育して人生のあらゆる面において面倒をみている。

以上の三つの方針はモソの規範として課されているものではない。どの道を選ぶのかは男性の都合しだいで、選んだ結果にとやかく言われることもない。

全体から眺めてみると、モソ人の家族生活の重要度において、性的な営みの優先順位はとても高いとは思えない。モソの人たちも人間の性的欲望がどんなものかは認め、男女が性行為に及ぶのは自然で、性を謳歌することに完全な自由を認めることで寿《ことほ》いでいるが、人間が存在するうえで性的欲望がいちばん大切であるとか、究極の目的にまで祭り上げようとはしなかった。部族が生き残っていくために性愛は必要欠くべからざるものではあるが、家族をひとつに結びつけるにかわではないのだ。モソ人にとって愛とは、単なる愛にとどまるものではないとはいえ、それはごく個人的なものであり、家族の存在の足元にも及ばないものであるのはまちがいない。

モソ人の生活の中心は母系家族で、その他もろもろはこの核のもとに組み込まれてセイセイも例外ではない。母系家族こそモソの社会を支えている場所であり、セイセイはひいき目に見ても母系家族の添え物にすぎない。フリーラブを奨励している社会について、こうした見方は珍妙でおいそれと納得できるものでないのは自分でもわかっている。しかしこう考えれば、セイセイをはじめ、複雑な事情から生じたいろいろな結果が納得できるし、折り合いがつけられる唯一の考え方なのである。

人間の性的欲望が生活の正しい場所に位置づけられているので、走婚は理にかなっている——私自身は走婚をこんなふうに考えて受け入れてきた。セックスはさまざまなバリエーションを持つ人間の状態で、そのあり方は大半の社会で割り当てられている狭い範囲に囲い込むものでもなければ、またすべきものでもない。セックスは生涯ただ一人のパートナーだけなど嘘っぱちもいいところだ。こんな拘束着は、夫婦は生涯にわたりたがいに貞節と忠誠を尽くすという誓いに従えという規範に押しつけられたもので、私としてはご免被りたい。妻は一夫一婦、男は一夫多妻という歪んだ家父長的意見にも私は断固として異議を唱える。人間としておのれに正直に向き合えば、あらゆる欲望を満たせる者などこの世にいないと心底から理解できる。モソ人はセックスを楽しいもの、生来の要求として謳歌しつつも、家族生活の付録というふさわしい場所にセックスを位置づけている。モソ人にはその点がよくわかっているのだと私には思える。

しかし、中国の大半の人びとや、おそらくほかの全人類は私には同意してくれそうにはないし、モソ人は奔放で許せないほど罪深き生活を送っているとでもたぶん思っているにちがいない。こうした人たちがその考えを改め、自分たちの単一な世界観は人間社会のバリエーションのひとつにすぎず、モソ人のセイセイ生活が差し出す多様性が持つ可能性についてちゃんと理解するようになるなど、どうやら私の高望みにすぎないようである。

第10章　母と娘をつなぐ絆

家名と相続

三世代に及ぶモソ人の家族のたどり方を知ることと、家族を結びつけている複雑な母系の絆の核心を理解することはまったく別の問題である。見た目ではわからないものがたくさんあり、それに挑んでいくことは、これまで経験したことのないレベルの文化的感受性と知的好奇心が試されることになった。

いまできあがろうとしつつある家族構成にさえ私は当惑していた。私の第一段階の理解では、大きな母系家族は三世代をひとつの単位にしてともに暮らし、一家全員が同じ母方の血筋に連なっている。つまり、第一世代の家族は家長としての祖母と、その祖母と同等の権威を持つ祖母の兄弟が一人から二人程度。第二世代は祖母の娘と息子からなり、第三世代は祖母の娘たちが産んだ子供たち全員だ。そのようなものとしてコミュニティーで認識されている家族は、父系の血筋に基づく中国の家族とは似ても似つかないと考えていた。

中国のどの家もそうであるように、私たちは父方の家系に伝わる名前を名字としている。しかし、名字がファーストネームのあとに置かれる多くの国とは違い、中国人の場合、〈姓－名〉の順で名字が誇らしげに名前の先頭にきている。曹惠虹《チュウ・ワァイホン》という私の名前も「曹《チュウ》」という父方の名字が最初に置かれている。惠虹《ワァイホン》というファーストネームの前に父方の名字がはっきり置かれることで、中国系の人間として父方の血筋を重んじていることが際立つ。

「ねえ、あなたの身分証を見せてくれない」。モソの友人チャー＝ア・ラズゥオ（次爾拉措）に頼み、彼女の名字を確認しようとした。

「どうぞ」と中国の人間がいつどこでも気軽に扱う調子で身分証を差し出す。

驚いたのは相手の姓名が漢字六文字だった点だ。私の名前はもっと短く、漢字三文字の典型的な中国人の名前である。彼女のファーストネームは「チャー＝ア・ラズゥオ」（次爾拉措）、六文字の漢字の最後の四文字だ。モソのファーストネームにはこのような名前が多く、二語の複合名からなる長い名前が普通で、四音節からできている。身分証に記された友人のフルネームは「ラァカア・チャー＝ア・ラズゥオ」（拉克次爾拉措）だった。

「最初の漢字二文字は名字なの」

「違うわ。私たちモソにはあなたたちみたいな名字はないの。最初の二文字『ラァカア』（拉克）は私の家の家名よ」

「家名って」

「家名は母親の一家が住んでいる場所の名前のことよ」

モソ特有の母系家族では、家名はそれまでの世代が選んだ場所の名前、時にはその家の始祖に当たる女性の名前に由来するのが普通で、母方の血筋に属する世代が代々にわたって受け継いできた。娘という娘、娘と同じ母親から生まれた息子、母親の姉妹などが何世代にもわたってひとつの家名を保持してきた。

その意味では父系の家に伝わる名字の考えと通じるものがあるが、モソの場合、使われているのは母親譲りの母系の〝家名〟である。家名も中国の姓名同様、ファーストネームの前に置かれているが、その点を除けば、家名の場合、スポットライトが当てられているのはモソ社会における母方の血統の重要性だ。

誰もが母方の血筋に連なる自分の家名を持ち続けるのは、家族を結ぶ母系の絆が理由である。自分の家名を変え、母系の血筋とは無関係の別の家族の家名を名乗る者など誰もおらず、ましてそれがアシアの家の家名であればなおさらである。

チャー＝ア・ラズゥオはアシアとカップルとなり、自分たちの農場で同居しているものの、同居後も自身の家名「ラァカア」をアシアの家の家名に変えていない。同じようにアシアも家名は自分の母親の家名のままでこの家で暮らしている。双方ともに名前を変えないままなので、たとえフルネームがわかってもその人物が誰かのアシアと知る手立てはない。二人とも生涯にわたって自分の家名を守り続けるのだが、ひとつだけ例外がある。

その例外とは、別の母系家族の家に養子として正式に迎えられた場合で、私の親友にしてグミの実のお兄さんであるジズゥオがそうだった。ジズゥオは生まれたときに母方のおばに養子に出されると、グミや家族が使っていた家名をおばの家の家名「ハンサ」（漢散）に変えた。別の母系家族の養子となってからというもの、グミが直接連なる母系の血筋の家名を捨て、ジズゥオは母方のおばの血筋の者として「ハンサ」(漢散)を名乗るようになった。

いまどきの言い方をすれば、モソの家庭を訪れるたび、私はフェミニストのオーラをただちに感じることができる。大事なのはその家が母系であるということなのだ。農場の経営者兼最高財務責任者としてのグミの絶大な存在感、また民宿ジュアシを経営するうえでエーチュマが果たしている重要な役割にはすでに触れた。

二人に先立つグミの母親、エーチュマの母親も家政のいっさいを仕切り、農作業から家畜の世話はもとより、毎日のこまごまとした仕事、料理、家の掃除、裁縫、子供や病人の世話までしていた。中国の家父長制の家庭なら、こうした仕事は〝専業主婦〟の務めと軽んじられそうだが、モソ社会では見くびられもしなければ、過小評価されることもない。それどころか、女性の役割は重んじられて色あせることもない。こうした役割は、モソの世界において必要欠くべからざるもので、生活の中心であるため、第一人者としての女性の地位が損なわれることはない。

女性が担っている役割が第一なのだ。男性の役割は、コミュニティーとのつながりという家の外務とともに家まわりの苛酷な力仕事だが、役割としては二の次だ。私にとってこれは本当に興味深い役割の〝大逆転〟である。男性は外務という一見すると重要な役割を担いながらも、女性がピラミッドの頂点にいるという社会構造では地位の向上は見込めない。男性は女性に次ぐ地位を受け入れ、女家長の権威について決して問いただしたりはしない。

若くて元気があるうちは女家長も権勢を謳歌するが、年老いてくると娘の一人に自分の手綱を譲りわたさなくてはならない。知り合いのアハ(阿哈)家の祖母は、三番目の娘に家長の地位を譲った。

私がにらんでいたいちばん上の娘ではなかった。私は生まれた順に従うものとてっきり思っていた。中国流の父系家族である私の家は、子供のなかでいちばん年長で最初に生まれた男児である兄の天下で、モソ人もそうだとばかり思っていた。

「どうしてこの家では末の娘さんが家を継いで、いちばん上のお姉さんではなかったのですか」とアハ家の家長に聞いた。

「簡単だよ。三人のなかではいちばん仕事もできるし、頭もいい」

長子相続の理念などものともせず、平等主義にまさるモソ人の祖母なら、後継者選びで重んじるのは当人の長所なのだ。さらに無視できないのは、後継者はかならず娘であって息子ではない点である。何度も繰り返すが、モソの家庭という家庭で女の鼓動が息づいている。

親族名称のラビリンス

三世代にわたる母系家族の内情を調べた結果、第三世代を構成するのは、女の子も男の子も含め、いずれも祖母の娘が産んだ子供たちだという事実に気がついた。祖母の血筋は唯一娘がその血脈を通じて伝えていけるからである。祖母の息子の子供は祖母の家族の一員と見なされないのは、その子供はよその女性が産んだ子供で、当の女性は祖母の血筋を分け合っていないからである。

実際、母系家族の第二世代の娘たちと娘たちの子供の第三世代のあいだで、この血縁理論がその力学において、どれほど深く根づいているかは見ていて戸惑いを覚える。

家族全員が共通する女性の血筋に連なるという母系の中心原理に端を発し、娘たちが産んだ子供は全員、それぞれが正真正銘の姉妹と兄弟として扱われている。つまり、第三世代の子供たちは、なによりもまず全員が同じ血統で結ばれた完全なる姉妹と兄弟なのだ。

「姉さんが話したがっていましたよ」。ある日、エーチュマの息子であるシアオ・ジュアシ（小扎西）が私に話した。昆明市で水泳の指導を受けている自分の妹のことを言っているのかと私は思った。

「長距離電話をかけようか」

「違いますよ。そっちの妹のほうじゃなくて、ラーデュ。僕のお姉さんで、リゲにいます」

「リゲにお姉さんがいたの」。妹一人だけの兄妹だと思っていた私は問い返した。

「はい、ラーデュです。僕の伯母さんの子供です」

これは天啓だった。私の発想では、ラーデュはシアオ・ジュアシの母方の従姉で姉ではない。しかし、モソ人の枠組みではラーデュはまちがいなくお姉さんなのだ。祖母の娘として同じ第二世代の伯母と母親から生まれた子供なら、ラーデュとシアオ・ジュアシは正真正銘の姉弟なのだ。ラーデュは伯母の娘、シアオ・ジュアシはエーチュマの息子、二人はたがいを血のつながった姉と弟だと考え、従姉としては見ていない。共通する血筋を直接たどっていけば、二人とも自分たちの母親の母親、つまり家族全員の祖母につながっている。

祖母の娘が産んだ子供が一人残らず生粋の兄弟姉妹なら、子供たちが自分の母親や母方のおばたちを「お母さん」と呼ぶのも納得できる。大きな母系家族では、祖母の娘全員が子供たちすべての母親なのだ。

さらに話を続け、複数の母親という件についてシアオ・ジュアシに探りを入れた。

「お姉さん（従姉）のラーデュのお母さんは、あなたのどのお母さんに当たるの」

「僕の二番目のお母さんです」

「あなたの『二番目のお母さん』って」と、あっけにとられて問い返した。

「そうですよ。お祖母さんの二番目の娘だから、僕にとっては二番目のお母さんです。僕のお母さん（エーチュマ）は七人娘の五番目です。いちばん年上の伯母さんは、大きなお母さんと言います」

「じゃあ、ほかのお母さんは、三番目のお母さん、四番目のお母さんという調子で呼んでいるの」

「そうですよ」

「じゃあ、自分のお母さんのことは」

「お母さん」

「お母さん（エーチュマ）のいちばん下の妹のことは」

「小さいお母さん」

私たちには奇妙に聞こえてしまうが、モソ人のあいだではほかの母親に番号をつけて呼んでいるのはごく普通だ。自分の産みの親に敬意を払うように、モソの人たちが自分のほかの母親にも敬意を払っている様子は私にも伝わってくる。

祖母の娘という第二世代の立場から、彼女たちもそれぞれ自分のことは、自分が産んだ子供、姉妹が産んだ子供にかかわりなく、子供たち全員の〝お母さん〟だと考えている。

「娘のラーデュは二人目の赤ん坊を産んだばかり」とエーチュマはこのラーデュという名前の娘、つまり二番目の姉の娘についてそんなふうに話した。

普段の生活のなかで通りの向こうに自分の母親がいると教えられても、その母親は産みの母親なのか母親の姉妹なのかとつい考えてしまう。同じ調子で「私の兄弟よ」と指さされても、その人物は産みの母を同じくする兄弟かもしれないし、あるいは母親の姉妹が産んだ兄弟かもしれないのだ。モソ流の呼び方では、その家族のバックグランドに通じていなければ、誰が誰の子供なのかとすぐに了解できるものではない。とはいえ、きちんと区別する必要などまったくない。二人が同じ母系に連なる同世代のまぎれもない親戚であることさえわかれば、それで十分なのである。

はっきりさせておきたい母系の絆がもうひとつある。「ここにいるのは私のお姉さん」「あそこにいるのは私のお兄さん」とよく教えてくれるモソの友人がいる。私が当惑して目をぱちくりさせてしまうのは、彼女の兄弟姉妹のことは全員知っているので、あのお姉さんなる人物がその一人とはどうしても思えないからだ。

「どうして、あのお姉さんにはこれまで会うことができなかったのかしら」

「あら、あそこにいるお姉さんは私の祖母の姉妹の孫なのよ」。友人はそれだけ言って、あとは自分で考えろと何も教えてはくれなかった。

父系家族でいうなら、友人の〝お姉さん〟は「はとこ」「またいとこ」のようなものである。しかし、それとも違う。友人の三世代の母系家族から〝お姉さん〟はさしあたってかなりの距離があるものの、友人にとってその存在は、関係が薄い私の遠いいとこたちに比べ、いまだはるかに近しい親戚なのだ。友人の様子から察すると、〝お姉さん〟は祖母の血筋を継承する自分と同じ世代に属している。二人が同一の血統を持つ祖母たちの孫であるなら、当然この二人も姉妹ということになるのだ。

文字通り同じ血筋を分け合っている点を踏まえれば、二人はたがいに実質的な姉妹にほかならないのである。

最近になって、この構造が母系家族の原理とのあいだで軋轢を生み出しつつ、実の母親、実の兄弟姉妹へと変わってきた。家族の絆の表現をめぐり、学校で標準語を学んだ若いモソ人は、モソ語とは異なる父系的な発想をともなう中国語で考えるようになったのが原因だと私には思える。

言語というものはすべからく、その文化を特徴づける思想的な基盤を根底にはらみ、中国の言語ももちろん例外ではない。標準中国語や中国語のほかの方言には、根強い家父長的文化へのかたよりが顕著にうかがえ、男性優位の血統や軽視する母系との違いを際立たせようと、家族関係を表現する際には独特な言葉が使われている。

たとえば、私の実家には父方に二人のおじがおり、父方のいとこについては特別な言葉で呼びかけている。年長のおじの長男に当たるいとこは「堂兄」と呼んでいる。「堂《タアン》」は父方の家系でもっとも近しい関係を意味し、「兄」は文字通り年上の兄弟のことを指している。モソ人も年上のいとこは「兄」と呼んでいるが、「堂」という接頭語はついておらず、この点からも「堂兄」は父方のいとこだとひと目でわかる。

一方、母方のいとこを呼ぶときには「表《ビアオ》」という接頭語をつけている。したがって、私からすれば母方で年上の男性のいとこは「表兄」となる。「表」は父方よりも劣るとされる母方を具体的に意味する。このような調子で、父方のおじとおば、母方のおじとおばの呼称も「堂」と「表」で使い分けられている。

中国語の父系的な用語はどの中国人コミュニティーでも使われ、中国語で授業が行われている学校では、こうした用語で書かれた小説や教科書を生徒たちが読んでいる。同じように、現在のモソの子供たちも、父系と母系の関係を異にする中国語にさらされている。

モソ人が私のような部外者と標準語で話す際、こみ入った家族関係を説明しようとすると、どうしても中国語を借用する習慣にとらわれる場合が少なくない。そんなことをしても、父系的な用語はそのまま素直にモソ語に翻訳できるものではないことに本人は気づいていない。父系と母系を区別する中国の世界観と、母系の関係を唯一のものとするモソの世界を点と点で結びつけようとすれば、心ならずも無意識のうちに、目下の母系家族の関係にそれまでなかった父方の関係をつけ加えてしまうとも限らないのだ。

モソの友人と話をしている最中、しばしばこれが起きていた。

「姉妹を紹介するわ」と言ったのは九人の兄弟姉妹を持つ母系家族で育った友人で、紹介されたのは私もはじめての女性だった。

「彼女はあなたの家の十番目の子供ということなの」。困惑した私は姉妹という女性が立ち去ったあと、友人本人に確かめてみた。

「あの人が生まれたころ、私の父親があの人のお母さんのアシアだったの。だから私は姉妹って呼んでいるのよ。実を言うとね、父親はもう一人別の女の人のところにも通っていたので、私にはもう一人姉妹がいる。家の兄弟姉妹は九人だけど、そのほかにも二人の姉妹がいることになるのよ」

母親が別で父親が同じ場合、家父長制社会の用語で説明するなら、友人が語るこうした二人の〝姉妹〟は腹違いではあるが彼女の姉妹だ。私が違和感を覚えたのは、母系に関する基本的な原則を友人が二つの点で無視して、自分の〝姉妹〟だと語っていたことだった。

最初に無視されていた原則は、親族とは同じ母系の血筋に連なる関係に限られているという点である。友人のケースでいう〝姉妹〟は二人とも、モソ人の慣習ではその資格を満たしていない。私の友人だけではなく、〝姉妹〟二人もそれぞれ母親が別々で、同じ女系の血筋には連なっていない。

無視されていた二番目の原則は、モソ人の子供の血筋を決めるのは母系の絆で、子供の父方の血統は織り込まれていない点だ。〝父親〟は母系のような意味のある血縁を伝えていくことはどうしてもできない。

私の友人はいわゆる腹違いの姉妹を自分の〝姉妹〟とした段階で、いずれの点でもまちがっていた。友人が勘違いしたのは、家族生活の原動力として父系の血統を重んじる考えをそもそも秘める中国語を、それとは知らずに使ってしまったからなのだろう。自分の家族生活を考える際に中国語で考えてしまい、父権と父親の血縁を紛れこませてしまったのだ。

ただ、かりに友人がモソ語でなんとか説明しようと試みても、母親のアシアだった男性が別の女性とのあいだにもうけた子供を自分の〝姉妹〟はもちろん、〝腹違いの姉妹〟として表現する言葉は見つけられなかったはずである。母系の血縁で結ばれた親族を言いあらわすモソ語は、父系の親族を意味する言葉に比べて十三対一、母系のほうが圧倒的だ。中国で最近刊行されたモソ人の母系社会に関する論文に掲載されていた表では、母系に関連する親族の用語六十八語に対し、女性が産む子供に遺伝子を提供するアシアに関連する親族の用語はわずか五語にすぎなかった。

母系家族では部外者である男性のアシアの存在はとるにたりないかもしれないが、無警戒なカップルの場合、気づかないまま近親相姦を犯す危険がそれでもつきまとう。モソの社会もほかの社会同様、近親相姦はタブー視され、同一の母系に連なる姉妹と兄弟の性的な関係は禁じられている。父系の血筋はとるにたりないとはいえ、父親を同じくするアシアとの性的交渉もタブーだ。この種の性的交渉が不都合であることを土地の人たちは体験的に知ったがゆえのタブーかもしれない。

これについて二本の柱からなるタブーは母系のロジックのもとでうまく機能してきた。最初のタブー、同じ母系に連なる姉妹と兄弟の場合、このタブーを守ることは容易だ。二番目のタブー、女性とその女性のアシア候補がいて、その男性の母親が女性の母親と同じアシアとつき合っていたことがわかっているなら、タブーを守らせるのは女性の家族に委ねられている。

可能性がある男性に娘が興味を示すようであれば、母親か祖母が娘に忠告するが、「あの相手とつき合うのはあまりいい考えではないね」とあくまでも穏やかに諭される。逆にこれから走婚を始めようとする若い男性の場合、忠告を与えるのはおじか大おじなど一家の年上の男性だ。男女いずれのケースでも、モソのルールを守り、性が異なる親族の前ではセックスの話題を持ち出すような真似は絶対にしない。

若者はこの警告を聞き入れるものとされている。アシア候補の母親と彼女もしくは彼の母親が同じ男性をパートナーとしていた場合、その子供はアシア候補の資格がなくなってしまうのだ。

モソの家族を結ぶ母系の絆は迷路のように入り組んでいる。だが、以上のことを考え合わせると、モソ人は巧みに舵を操ってこの迷路を乗り切っているのだ。そうした慣習に私が一目置いていることは白状しておかなくてはならないだろう。ほぼ完全無欠に等しいロジックのもとで、めくるめくような通路が最後にはモソ人の母系の中心という一点に収斂していく。

女性は誰もがシングルマザー

自分はモソ人の複雑な感性の網のなかにいるインサイダー——そうした想像に身を委ねた瞬間、これまで形も定かではなかった多くの考えが姿を現し、はっきりとした確信として輪郭を結んでいく。その確信とは、典型的な漢民族の家庭を結びつける父系の絆の精緻な網の目をめぐるものだ。

モソ社会のインサイダーとして伝統的な中国世界を眺めてみると、まず信じられない光景として最初に目に飛び込んでくるのは、中国の女性が社会でどれだけ貶められているのかという点だ。恥ずべきこの傾向は地方でさらにはびこっている。

中国の女性は生まれた瞬間から、女であることを理由に序列は男兄弟のあと、家族の末席に追いやられる。父親中心の父系家族で不可欠の家族として見なされないのは、父親の血は一家の男児の血を通じて唯一継承されていくからだ。女の子の教育やしつけにほとんど関心が払われないのは、娘はいずれ家を去り、他家に嫁いでその家の人間になってしまうからで、その時点で実家との父系的な絆はほとんど消滅してしまうのが大きな理由である。これ以降、彼女は夫とともに築く新しい家だけを自分の居場所として、新たに親となった夫側の父系家族にその一員として仕えることになる。

嫁として夫の父系家族に入った彼女は、日を置かず自分の身のほどを知る。運命は実家にいたころよりも苛酷だ。嫁として夫に従わなくてはならず、夫の要求にはいっさい口答えせず、食事を用意し、夫と夫の家族の面倒を見て、子供も産まなくてはならない。生まれた子供は自分のものではなく、夫や夫の家族のもの。また従順な義理の娘として、夫の父親と母親に従わなくてはならず、年寄りがあれこれ言うたびにそれに仕えなくてはならない。実家に逃げ帰ることはほとんど許されていないが、どのみち実家に戻っても家族の一員とはもはや見なされない。

私に宿るモソ人は、中国の女性に対するこのような扱いをまったく理解できない。このような形で意図して女性を貶めるなど、どのような社会であれ正気だとは思えないのだ。こんな扱いに値する女性が一人として存在しないのは、女性こそ九か月に及ぶ産みの苦しみの果て、新しい生命を一家に授ける唯一の存在だからである。その女性から生まれた子供を彼女や彼女自身の家ではなく、部外者である夫の家のものだとするのは明らかに良識を欠いているようにも思える。へその緒を通じ、子供は生まれながらに母親とは血がつながっている。子供ははじめから母親のものであり、母親の生涯を通じてそうであるべきだろう。母親の実家にしても、血縁を通じて娘とはしっかりとつながっているのに、これを見捨てるのはなおのこと奇妙だとしか思えない。

中国の伝統的な文化のもとにあるこの女性が、不幸にも愛人を囲うような見境のない男に嫁いだ場合、彼女はほかの愛人たちも一家の家族として認め、愛人が産んだ子供は自分と夫の子供として受け入れるという、二重の屈辱に甘んじなければならない。最悪なのは、父系社会のもとでは夫には一夫多妻が認められているが、同じような行為を女性がしようものなら命の危険がともなう。

私のなかのモソ人には、男性だけを優遇する父系社会の習慣は不公平なことこのうえなく、理不尽なほど不平等だ。誰しも同じような欲求や本能を抱えているにもかかわらず、社会の半分の人間には性的な自由を謳歌する機会を認め、もう半分にとっても自然で当然であるものをだめだとして認めようとしない。そんな社会であってはならないだろう。

昔ながらの伝統がはびこる中国の風景を見渡し、そのなかで子供を抱えたシングルマザーを認めたとき、私は正直びっくりした。中国の社会ではシングルマザーは最底辺の存在として扱われているのだ。夫がいないので、結婚を通じて社会的な地位が確認されず、また子供に対する父権を主張する男性も存在しないので、母子ともども社会から完全に疎外されてしまい、子供は私生児として死ぬまで嘲られ、仲間はずれにされる。

古き中国社会に見られるシングルマザーへの辱めは、モソ人の心情からすれば馬鹿げたものでしかない。女性こそ命を産み出す唯一の存在で、もろ手をあげて子供の誕生を祝う権利はどのような女性にも授けられている。これは女性だけに約束された特別な地位なのだ。出産という営みでは、男の役割などたかがしれている。誰もがめいめい一人で分娩に向かい合うなら、ある意味では女性という女性は誰もがシングルマザーと言えるだろう。そして、シングルマザーと彼女の子供に最後まで手を差し伸べるのは、彼女の実家に課された義務であるのはまちがいない。とりわけ、赤ん坊として新たに授かった新しい命が嘲笑されるような目にあってはならない。

中国の父系社会も時とともに変わりつつあり、荒くれた一面もいくぶん角がとれつつあるようだが、女性に対する差別的な傾向は程度の差こそあれ変わらずに残っている。

今日、都会に住む中国の女性は以前ほど男性中心の慣習に直面しなくなったが、いまだに残る一方的な偏見とはどうしても戦わざるをえない。彼女が夫のもとを去ろうと決心したとき、実際、最近では離婚する中国人女性も増えたが、自分が産んだ男の子の親権争いが戦いの主戦場になるはずだ。そのとき彼女は、男性優位のドグマをいまも掲げる純粋無垢の家父長制の抵抗という壁に挑んでいかなくてはならない。男の子には父親の血が流れているのだから子供は父方の家族のものだ。母親にはそんな権利はない。

私のなかのモソ人は激怒するが、そのあとでやれやれと肩をすくめる。男の子だろうが女の子だろうが、子供はつねに母親の家に属し、決して父親側のものではない。父親や父親の家族には母親から子供をもぎ取る権利などないのだ。それだけではなく、カップルがそもそも法的な婚姻ではなく走婚を選んでさえいれば、離婚などという厄介な問題に煩う必要もなくなるだろう。

家父長制を重んじる中国人男性の心に生まれつき備わる歴然たる非合理性、生粋のモソの女性ならどれをとっても受け入れられるものでもないし、決して受け入れることもないはずだ。

第11章　生と死を迎える部屋

霊屋に響く産声

モソではどの家にも特別な一室があり、モソ人はこの部屋で生まれて人生を始め、そして生を終えるとこの部屋に横たえられて葬儀が行われるのを待つ。いみじくも「生死の間」として知られる石造りの小部屋で、主室である「祖母の間」の後室として置かれている。モソ人すべての生の循環がこの部屋で繰り広げられている。

近代的な病院が村に登場する以前の時代、妊婦はこの後室に退いて赤ん坊を産んだ。そのままこの部屋で大々的なお祝いが執りおこなわれるのを待った。

現在では古式通りにこの部屋で赤ん坊を産む女性はいなくなったが、過ぎ去りし日々、どのように出産が行われていたのかを想像してみたい。

「ねえ、モソの産婦は寝ながらではなくて、昔はしゃがんで子供を産んでいたというけど本当なの」。ものの本でこの話を知った私はグミに確かめた。

「知らないわ。私のときは寝台で横になって産んだし、母親と産婆さんが付き添ってくれたわ」

こちらの方面からの助けは期待できそうにないので、産室をめぐる物語は私の想像を交えながら進めていくことにしよう。

遠い昔、グミの祖先に当たる身重の女性（ここではズオマ〈卓瑪〉と仮の名前で呼ぶことにする）が破水したのは、囲炉裏のそばで質素な朝ご飯のしたくをしていたときである。ズオマは主室の寝台のそばでいつものように座っている母親を見上げると、急変を告げる声をあげた。娘の声に一刻の猶予もならじと、母親もズオマの妹を大声で呼んで二人して妊婦を抱え、戸を開けて小さな産室に急いで連れていった。二人はいよいよの時に備え、すでに用意していた寝具のうえにズオマを座らせる。

ズオマは座りながらうなっている。ますます痛みがこみあげてくる。額から汗がしたたり出すと、もうじきだと覚った。声をあげて母親を呼び、手を借りて体を起こすとズオマはその場にしゃがんだ。歯をくいしばりながら、ズオマは力を込め、このときはじめていきんだ。母親と妹は両脇に座って本人を支え、最後の難事業を待っていた。

「いきんでいきんで」と母親は娘をなだめすかしている。そして長い一時間の果て、母親はこれで祖母となり、小さな授かりものを大きなその手に抱くと、ほかの家族が待つ中庭に向かって誇らしげに声を張り上げる。

「女の子だよ」

美しき姫君はこうしてこの慎ましい農家の世界に足を踏み入れた。こみ入った権利関係などとは無縁のまま生まれ落ちた場所は、モソの一家が何世代にもわたって産室として使ってきた小部屋だ。おくるみに包まれた赤ん坊は祖母に抱かれて後室を出ると、隣接する暖かい祖母の間に連れていかれた。

それから一か月、母子は家にいてずっと足止めされる。親戚や友人、村の人たちが家に招かれ、母系家族の一家に新しく加わった赤ん坊を祝おうと訪れた。きわめて重大な日をみんなで祝うために盛大な宴会が催され、ズオマには祝いの品としてめいめいの家で作った農作物が惜しみなく与えられる。「生死の間」はその日の目的のために使われ、次にこの部屋を利用する者を迎い入れるまで扉は閉ざされる。現在では出産のために使われることはめったにないので、もっぱらもうひとつの目的のために使われている。

実を言えば、この部屋の扉が開くのをはじめて見たのもまさにこちらの目的のためで、グミの母親のア・マが亡くなったときだった。亡くなるまでの十年、アシアからのちに結婚して夫となった連れ合いが死んでからというもの、母親は少しずつ弱っていった。重い病気に見舞われることも珍しくなく、寝ているばかりで食欲も失せ、ずっとだまりこくって、生きる張り合いをなくしていた。

こんな状態になるたびに私はバジュの村を訪れ、しばらくア・マのかたわらに座って過ごした。はじめて見舞ったときのことである。主室の祖母の間に入っていくと、八人の子供全員と子供たちのアシアが集まっていた。グミがいつもながらかいがいしく世話を焼き、囲炉裏で温めたお粥を母親の口に運んでいる。わずかばかりの量を食べ終えると、エーチュマが病人の額や口をぬぐってあげ、両手をふいてやった。囲炉裏の向こう側にはジュアシと二人の兄弟が座っている。こんな状態でも煙草をほしがる母親のために、ジュアシは火をつける。中庭ではジズゥオが薪を割り続けており、すでに何日分もの量になっている。

母親を見舞うため、ア・マの子供たち全員は取るものも取りあえず実家に駆けつけたようである。「今日でもう何日になるの」。私はジズゥオに尋ねた。

「七日前からだよ」

「ずっとそばにいるの」

「ああ。よくなるまでいるよ」

主室にいるあいだ子供たちは何時間も母親のかたわらで座り続け、交替して母親を元気づけていた。つかの間、おしゃべりや無駄話をして時間をつぶす。たいくつを紛らわすために冗談を言っている者がいれば、トランプのカードを配っている者がいる。付き添いの長い夜の合間、家で醸したクワンタンの大きな瓶が開けられる。母親の部屋に急ごしらえで用意した寝具で、子供たちはかわるがわる睡眠をとっている。

母親の具合が悪くなるたびに母系の家族全員が集まってくることにいささかあきれ、別の折に私はその理由を尋ねてみた。ジュアシの返事は簡にして要を得ていた。

「これで最期かもしれないというときに、子供としてできることといえばそばについていることだけしかない」

ア・マの娘と息子たちはまさにそうやって過ごし、母親の命があと数週間というとき、ますます弱っていく母親のかたわらで昼夜を問わず見守り続けた。母親は子供たちにみとられながら息を引き取った。盛大な葬儀を営むため、一丸となって子供たちは力を合わせた。

モソ人の葬送儀礼がそうであるように、ア・マの葬式もほかでは見られない独特のものである。葬送儀礼は時代を経ても変わることなく続けられてきた儀式で、人の生涯におけるもっとも大切な儀式として位置づけられている。モソの人たちはみまかった者たちのための葬儀を敬い、とくに儀式が自分たちの母親への敬意として行われる場合はなおさらである。儀式は何週間、あるいは数か月にわたって長々と続けられることさえあり、そのための費用を惜しむことはない。

八人も産んだ子供のうち六人が息子だったア・マは運がよかった。息を引き取ったときから最後の火葬にいたるまで、亡骸に触れる仕事にかかわれるのは、ジュアシとジズゥオと四人の息子だけだからだ。私たちがいるのは女たちの王国で、この国ではグミと彼女の姉、そして女性の親族も一人残らず、死にかかわるものいっさいに触れるのが禁じられているのを思い返してほしい。

祖母の間で六人の兄弟全員はそれぞれ分担を決めると、ジュアシが先頭に立って長年にわたり記憶されてきた手順通りに儀式を進めた。母親の亡骸を抱えたジュアシは、死後硬直の前に遺体を清め始めた。定めに従い、七つの椀に入った水を、故人の顔と体に静かに注いだ。ジュアシの父親の葬儀では椀の数は九つだった。

遺体が清められている最中、かたわらに立つダバが最初の祭文を唱えている。これ以降荼毘《だび》にふされるまで、故人の魂を先導するために古くからの祭文が数多く唱えられる。

「身は不浄なれど、先祖が住まうシナ＝アナワに帰りいたれば、その身も清められよう」とダバが唱える。

シナ＝アナワと唱えるたびに、ダバはモソ人にはエデンの園に等しい土地に触れている。シナ＝アナワは伝説上の場所で、モソ人の魂はここに端を発し、亡くなるとふたたびここに帰り、生まれ変わって新たな生を得るのを待つ。モソの葬儀はすべてこの輪廻転生の考えを中心にしてまわっている。

ダバが祭文を唱え続けるなか、ジュアシは兄弟の手を借り、遺体の姿勢を胎児のように整えていく。

別の女性の子宮で新しい人生を始める用意である。膝を折り曲げて顔に引き寄せると、遺体に座位の姿勢をとらせた。それからすねの前で手と手を組ませたのは、硬直していく体をそのままの姿勢で保つためである。遺体の両の手をすばやく合わせて祈りの姿にすると、胎児の姿勢をしっかり保つため、長い紐を使って遺体を縛り上げた。息子たちは母親の遺体を恭しく持ち上げると、大きな亜麻布の袋に入れる。ジュアシが袋の口を固く結んでこの儀式は終わった。

今度はア・マのいちばん上の息子が先導して生死の間に続く扉を開けた。ほかの兄弟たちは遺体の入った袋をなかに運び入れると、小石の床に掘られた穴に安置する。亡骸は荼毘の日までここに残され、この部屋はいっとき霊屋《たまや》として使われる。

魂が帰りいたる道

午後はチベット仏教の僧侶たちの到着をみんなで待ち続けた。最後の儀式はいつがいいのか日取りを教えてもらうためである。知らせは二十名のラマ僧とともにもたらされ、ア・マの火葬の日にちは十七日後に決まったと伝えられた。夕方になってふたたびこの家に戻ると、ラマ僧たちは何十もの油灯が灯された祖母の間で読経を唱えている最中だった。中庭は近所や遠方から弔問に訪れた人たちでざわついている。人混みをなんとか通り抜けて祖母の間に入ると、夜の儀式がこれから始まろうとしていた。

びっくりしたのは、簡素な部屋が見たこともない葬儀場に一変していたからである。にわか作りの祭壇が仏壇の横に立っており、祭壇のうえには軽そうだが大きく四角い木製の匣《はこ》が置かれており、匣の白地には土地ならではの意匠が描かれていた。

この匣はなんのためのものなのか、しばらくは見当もつかなかった。棺とは横たわる遺体を収めるものだから、長さがあり、形は長方形とばかり思い込んでいたので、最初にこの正方形の収納箱を目にしたとき、棺だとはピンとこなかった。気づいた瞬間すべてが腑に落ちた。モソでは遺体は座位をとるので、あまり目にしたことのないこの形でなければ棺に収まらない。

しかし、ア・マの亡骸は棺にはまだ収められておらず、後室に安置されたままである。火葬される日までの葬儀の期間中、棺はからのままなのだとわかった。

ア・マはいちばんの民族衣装とともにこの世をあとにしていく。棺のうえに渡された竿には故人が着ていた民族衣装がかけられ、火葬の直前、遺体が棺に移されると衣装も棺に収められる。

棺の前の台は供物台として置かれたもので、故人の子供たちによって三度の食事のほか、お酒や煙草が葬儀の期間中毎日捧げられる。魂の故郷シナ＝アナワへと帰る長い道中、ア・マにひもじい思いをさせてはならない。

故人の子供と孫が一人ずつ順々に棺の前に進むと、そこで膝をつき、深々と頭をさげた。グミと私の義理の子供たちが前に進み、棺を目の前にして泣きながら祈りを捧げる姿を私は見守っていた。霊柩のシンボルである匣の正面でひざまずいたグミは胸が張り裂けんばかりに泣き出したので、二人の親族がなだめた。ラーヅが思い出したように台に置かれたコップにお酒をつぎ、お供えものを指しし
めし、ア・マの霊に召し上がってくれと呼びかけた。グミは気をとりなおし、静かに語りかけた。

「ア・マ、亡くなるまで私たちの面倒をみていただきありがとうございました。シナ＝アナワへの長

い旅の前にどうぞたくさん召し上がってください。旅立ったあとも一家が病むことなく平穏に暮らしていけますように」

家族がつぎつぎに祈りを捧げていくなか、棺のかたわらに立つダバが祭文を一心不乱に唱え始めた。哀悼に満ちた悲しげな調子の祭文で、ア・マの一家全員のフルネームが記された紙を手に同じ調子でみんなの名前を唱える。延々と時間をかけて親戚一同の名前を読み上げたダバは、その後もダバ教の古い祭文を唱え続けている。

「故人の霊に道を教えてやるのがダバの務めで、そうすることで死んだ者はシナ＝アナワへといたる道を最後までたどっていける」とダバから以前教えてもらったことがある。葬式で行われる祈禱の儀式は何かと尋ねたときになんとか聞き出せた話で、本当に興味をそそられた。

「唱えている言葉は、わしらモソ人の先祖の土地に、魂が帰りいたる道を指ししめしている。祭文を唱えて道を案内し、道中、魂が遭遇するかもしれない危険や災難に忠告を与えている。決して恐れることはないと言って聞かせるが、シナ＝アナワへの道は困難で定かでもない。途中、どう猛な動物や恐ろしい悪霊に出くわすかもしれないと説いている。しかし、魂がそうした危険から逃れられる道を教えるために祭文を詠唱する。シナ＝アナワにたどり着きさえすれば、魂は新しい命を受けて人の世に戻り、ふたたび家族の力になることができると魂に語ってきかせるのだ」

家のそとでは近所の人や知り合いが集まっていた。故人には友だちが多く、そのなかから料理の給仕役を買って出る者がいる。地域の骨折りで村内の各家で作られた料理が集まった。

初日の夜に見られた葬儀の光景は、このときから火葬の前日まで二週間以上にわたって繰り返される。明日が前夜という日の夜、哀悼の儀式はクライマックスに達する。死者の霊魂がいにしえの魂の故郷シナ＝アナワへといたる、最後にしてもっとも油断のならない地点にさしかかっているとモソの人たちが信じているからだ。

迫りくる危険に直面したア・マの魂を手助けするため、中庭の中央に立ったダバはここでとりわけシャーマニズムに富んだ儀式を行い、旅立った魂の先導役を務める。

ダバはこの日、古くから伝わる色鮮やかな祈禱師の衣装を朝から身につけていた。中庭に立ったダバは、待っていた故人の縁者や友人の男性にこちらにくるよう促した。最初のひと組が前に出る。革でできた古式の鎧と羽がついた頭飾りを二人が身にまとうのを手伝うと、ダバは古い時代の刀と短剣をそれぞれに手渡した。古代の戦士に扮した二人は恐ろしげな所作の踊りをその場で演じ始めた。叫び声をあげながら、見えない悪霊を追いかけ、姿なき野生の獣に対して刀を振りかざしては模擬の戦いを演じると、あと一歩で目的地という魂のために道を開いた。

最初の一組が演じ終えると、別の一組が同じ役を買って出る。二人は同じ衣装をまとって、同じ儀式を演じる。違う組からなる〝戦士〟がつぎつぎに演じられ、夜の闇に潜んでいる悪霊を脅そうと模擬の戦いがさらに繰り広げられた。葬儀の護衛たちが演じる昔ながらの踊りは、息を飲むほどみごとで一時間にわたって行われた。モソの人たちが心に残る多神教の風習をいかに大切にしているかはこの踊りからも伝わる。

中庭の大騒ぎを相殺するように均衡を保っているのがサフラン色と赤紫色の僧衣をまとい、はるかに落ち着いた様子で読経するラマ僧たちだ。ラマ僧はモソ人のいずれの葬儀においても、ダバと同じく欠かせない役割を果たし、みまかったばかりのア・マの魂が生まれ変われるように経文を唱え続けている。中庭で大騒ぎする人たちの声を聞いていても、後景ではラマ僧が全員で唱える読経をはっきりと聞き分けることができた。地鳴りのように響きわたる読経の声はますます大きくなっていく。戸口越しになかをのぞくと、居並んだラマ僧の集団は読経の声を徐々にあげようとしている。ダバのパフォーマンスに対抗し、一歩先んじるといった様子と言えなくもない。

目の前の光景に私は恐れ入っていた。二つの信仰それぞれの考えに基づく最後の儀式が競い合うように執りおこなわれ、しかもそれでいながらこの悲しみの夕べに横ならびで演じられている。そこにはっきりとうかがえるのは、分断した地元の信仰のそれぞれの側によって示された控え目な寛容と理解である。だが、宗教は二つに分断などしていない。モソ人のなんでもありの気質は、かつての多神教を捨て去ることがないまま、比較的新しく伝わった仏教も奉じているからだ。モソではどの家でもダバ教とチベット仏教の両方のやり方で葬式がきちんと営まれている。

骨を拾う息子たち

最後の通夜の日、親族は旅立とうとする魂を一睡もせずに見守る。服喪中、親族は風呂に入ったり、髪を切ったりすることは禁じられているので、疲労はたまり、体も汚れている。夜が明ければ葬儀の最終日、誰もが自分の役割を果たさなくてはならないので、寝ずの番をしていても、昼間もエネルギーを振り絞らなくてはならない。

火葬の日の前日、男たちの手で、火葬が行われる村の裏手の丘の麓に小さなログハウスに似たものが組み立てられた。棺に合わせた大きさで、作りは松の丸太で組んだモソの家によく似ている。死者が女性の場合、組み上げる松木は七層、男性の場合は九層と決まっている。

火葬の当日、家では馬の口取りの役をグミの兄の一人がやることになっており、先導するポニーはすでに飾り立てられていた。葬列を時間通りに先導するため、ポニーと口取りは家の前で待っている。感極まったのは、男たちの手によって玄関から中庭、さらに家の門にかけて長い白布が敷かれたときだ。

いよいよその時を迎えたのである。

祖母の間では人目を避けるために布張りの衝立が置かれると、息子たちは後室に入っていった。遺体が傷みだして亜麻布袋が濡れている。その亜麻布袋をみんなで持ち上げると祖母の間に運んだ。息子たちは厳粛な面持ちで布袋を真四角の棺に収めると、母親の衣装も入れて棺のふたを閉じた。

息子たちは二列に隊を組むと棺を乗せた棒を肩にかついだ。慎重な足取りで家から中庭に出ていくと、白布に沿って女や子供がひざまずいて並んでいる。担ぎ手は棺を慎重に扱い、ひれ伏している親族がいる正面ではその頭のうえに棺をかざした。会葬者の頭上を進んでいくに従い、なんとも言えない心ふるわす光景が繰り広げられていく。ひざまずいていた者全員が泣き叫び、棺のなかのこれから旅立つア・マに嘆き悲しみながら別れを告げていたのである。

棺はそのまま家の門に向かっていく。棺が門から出てくると、馬の口取りをする息子が手綱を引いて葬列を先導していく。道の前方では爆竹の音が弾け、続いて銅鑼の音が響きわたる。棺は高々とかつぎあげられながら、ポニーのあとをたどっていき、さらにそのうしろを中庭でひれ伏していた会葬者が列をなしてついていった。葬列の前のほうでさらに爆竹が鳴っている。こうやって悪霊を追い払っているのだ。

一行は足早に丘の麓を登っていくと、火葬が予定されている場所に到着した。棺の担ぎ手は家を模すように井桁に組まれた松木のかたわらに棺をおろした。すばやく木製の手持ちの衝立を置いて女たちの目をさえぎると、棺から遺体が入った亜麻布袋を取り出して井桁のなかに置いていく。空になった棺はばらばらにされ、これもア・マの最後の休息場となる井桁のなかに置かれた。

母親の火葬を前にしたグミやほかの女子供は地面にひれ伏し、激しく泣き叫びながら今生の別れを告げる。男たちはそのかたわらで頭を垂れ、感情を押し殺した様子でたたずんでいる。そして、いよいよ最後というとき、全員が膝をつき、額を地面につけて故人におじぎをした。

火葬場の脇ではラマ僧が二列に座り、小さな鈴を鳴らしたり、聖水をまいたりしながら念仏を唱えている。ラマ僧らしいよく響く地声で最後の経が読まれるなか、若い僧侶が長柄のひしゃくに入ったヤクバターの油に火を灯すと、井桁に振りまいて火を移していく。たちまち炎があがり、火葬の薪に燃え広がっていく。モソの人たちは、薪が燃え上がったそのときを、ア・マの魂が肉体から解き放たれ、新たに生まれ変わるために飛び去っていった合図なのだと信じている。

葬儀はこの時点で終わりだ。別れの挨拶が交わされ、泣き声はやみ、これ以上やることは何も残っていない。ここにとどまる理由もすでになくなった。かつて愛した者に背を向けて親族の女たちが立ち去るときがきたのだ。グミをはじめ、女と子供たちは即座に立ち上がって帰っていく。最後の旅、シナ＝アナワに向かったア・マのもとを去るときがやってきたのである。

私はここにとどまり、火葬の火が燃え続けるなか、最後の念仏を唱えているラマ僧たちを見ていた。男たちもここに残り、やがて火が消え、周辺をかたづけるのを待った。

最後の儀式がひとつだけ残っていた。翌朝、ア・マの息子たちは骨拾いのために戻っていった。それから散骨のために六人の息子は丘を登った。

第12章　消えゆく王国

楽園が失われていく

好奇心に導かれゲムこと格姆女神山と、女神を祭る転山節を訪れるようになり、またすばらしい運にも恵まれて一年の半分はモソの自宅で暮らすようになっていた。しかし、フェミニストのユートピアであるこの女たちの王国に誘ってくれたのは、やはりルグ湖周辺で生きる比類なきモソ人たちの魔法にほかならなかった。

ここを訪れて人間らしさに触れるたび、自分のなかにこれまで知らなかった女性崇拝の思いが潜んでいたことに気づいた。意外にも私の旅は自分の人生を変える経験となった。そして、私が変わっていったように、モソ人たちもまた現代の中国に歩調を合わせていくことで、その母系社会も大きく変わっていくのではないかと感じている。

私が集めて慈しんできたモソ人の物語は、母なる大地がまだ初々しかった別の時代に誕生した。こうした物語が語っているのは、まさに文字通りの意味で物事がはるかに単純で無邪気だった時代の話だ。母なる自然が授けてくれたものを人間が最大限に活用し、生命の原初の力のシンボルとして女性を理解して、それに感謝を捧げていた時代の話なのだ。天界から授かった守護の力を持つ高位の存在を探し求めたとき、モソ人はこの地にそびえるもっとも壮麗な山並みに女性の顔を重ね、その山を格姆女神すなわちゲムと呼んだ。日々の営みをゲムに見守られ、モソ人はこのうえなく単純明快な形を選んでみずからを秩序づけた。すべては母親へと向かい、なにごとであれ母性がついてまわる。

とはいうものの、二十一世紀にモソ人の素朴さと無邪気さの居場所はもうどこにもない。彼らの世界に現代が侵攻してくるのと同じ勢いで、エデンの園で暮らす人たちの生活そのものが急速に変わりつつあるのだ。彼らのコミュニティーで暮らして六年、モソ人が自給自足の生活を捨て、台頭しつつある中国の観光産業の歯車のひとつとなり、新しい世界にどれほどすばやく接続していったのかについては、私自身がじかにこの目で見てきた。モソの伝統的な生活はいずれの点でもほぼ一夜で、新しい次なる社会の規範と価値の洗礼を受けることになった。

近代化がさらに高まっていくことで、生き方に対する向き合い方も変わってくる。モソ人たちが流行の考えともはや無縁でいられないのは、学校、テレビ、スマートフォン、外の世界から訪れた観光客との接触拡大を通じ、こうした考えに嫌でも染まっていくからだ。近代化にともない、かつて鎖国状態にあった女たちの王国の暮らしぶりは、中国で支配的な家父長的文化の前に屈するという脅威に真っ向からさらされている。先祖から伝わる母系の根っこを支える勢いを、モソ人はいつの間にか失いつつある。

変化は二十年ほど前、地方当局が雲南省内にこれという観光サイトを探しているときに始まった。それまで外部から閉ざされていたルグ湖は、手つかずのままの山岳風景ばかりか、興味深い社会人類学上の物語にも恵まれていたので、候補地としてはまさに申し分がなかった。

観光化される以前、一人旅のバックパッカーがたまに訪れる以前、あるいは何も考えない観光客の群れが大挙してバスで訪れるはるか以前のころには、モソ人は土地を耕し、限られた家畜を育てつつ、森のわずかばかりの恵みを集め、時には猪や雉を捕らえるなど、かろうじて手から口への生活を営んでいた。当時の生活は素朴を極めていた。

変化は彼らの世界にこっそり忍び込んでいった。以前なら人跡もまれな松の森の小道をたどるほか行き着けなかったが、一九九〇年代、岩だらけの崖沿いにはじめて道路が開かれてルグ湖の姿が望めるようになる。道路はこの地方の最大の町である麗江市とつながっていた。一九九六年、麗江市は大地震に見舞われて灰燼に帰したが、不死鳥のように再建された。

トラックにヒッチハイクして孤絶した土地を訪れる冒険好きな旅人も少なからずいた。外の世界がどうなっているのか旅人はささやいていた。蛇口をひねるだけで必要なときに水が流れ出て、わざわざ井戸まで汲みになどいかない。松の木を割って火を熾さなくてもスイッチに触れるだけで母屋に明かりが灯る。馬に引かせることなく、勝手に動くオートバイや自動車に乗ってここにきた来訪者を目の当たりにして、村人たちは腰を抜かした。

やがて観光業を担当する地元当局は、純朴で風光明媚なこの土地が金《きん》の鉱脈となる可能性に気がつく。観光化を大いに図ろうと考えた当局は、部族はまだフリーラブ、フリーセックスが横行する世界で暮らしているとぶち上げてから、モソ世界への門戸を開いた。でこぼこの山道はタールで舗装された。七時間の旅を経て、私がはじめて女たちの王国にやってきたのがこの道だった。

それから六年、私は尾根を貫通するトンネルを備えた二車線の近代的な幹線道路を走っている。所要時間は五時間まで短縮した。バスでくる観光客のほかにも、ルグ湖に新しくできたばかりの空港から観光客を乗せたバスがやってきて、一日当たりの観光客はさらに何百人という規模で増えていった。間もなく完成という高速道路が開通すれば、かつて山あいの盆地にまどろんでいた村は、中国でも屈指の観光地に変貌するはずだ。

観光客が残していくガラクタは、現金経済や大量消費主義、そして男性支配の中国文化というモソ人とはまったく異質でしかも刺激に富んだ考えである。農業を基盤にしたモソの交換経済も金がものを言う世界に放り出された。金さえあればこれまで持っていなかったもの、あるいは持とうと想像さえしなかったものがなんでも手に入る。わずか十年前後で地元の人間は、徐々にとはいえ確実に理解していった。こうした村人は裸足で田を耕し、土地が授けるもの、その手で作ったもので自足して育ってきた人たちだが、いまでは際限のない消費財のとりこだ。

現代人は新しいステータスシンボルを手に入れたいと切望する。モソの一家にとってそれは洗濯機を購入することを意味する。水洗トイレと太陽光発電の温水シャワーも同じだ。男性にはオートバイが必須のアイテムで、四輪駆動の車ならもう申し分ない。スマートフォンを持っているだけでは満足できず、村人は自分の機種を比べ合い、現金を持っている者はアイフォーンやサムスンの最新の製品を自慢する。

昔ながらの農業中心の生活から新世紀のライフスタイルへ一気に変貌したことで、影響は生活の物質面にとどまらず、古くからの習慣や価値観にも及んだ。まわりを見渡せばそんなことばかりだ。

土地の盛装は、裾が長いサーキュラースカートを穿き、そのうえに上衣をきっちり着込んだものだが、いまでは若い女性もタンスにしまい込んだままである。

「着るのは特別なときか、観光客向けの篝火踊りを踊るときぐらいです」と若い友人は教えてくれた。

彼女が普段よく着ているのは、いまどきのタイトなジーンズに体にぴったりしたレザージャケットというハリウッドスタイルである。四十代になる彼女の母親も民族衣装は着ておらず、いまどきの中国の女性のようにズボンと上衣というスタイルである。六十代の祖母ひとりがしきたりを守って長いスカートを穿きながら毎日を暮らしている。

誕生日を祝うか祝わないかもそうした一例だ。モソ人は誕生日を祝うという発想をそもそも持ちあわせていなかった。母親が陣痛に苦しんだ日を祝う理由などないからだ。

「年齢はどうやって数えているの」とジズゥオに聞いたことがある。

「ほかと同じだよ。春節がきたらひとつ歳をとるんだよ」

一方、ジズゥオの娘でアシアと家庭を築き、私の義理の娘の母親であるエーチャーの場合、よちよち歩きの自分の子供の誕生日を祝うという新しい習慣に倣うことに決めている。わが子を溺愛するともに二十代の両親は、息子の誕生日を祝う中国のテレビ番組を見て育った世代だ。中国の「習家」や「毛家」に遅れをとるまいとして同じように祝っている。毎年二月八日――両親は実際に息子の生まれた日まで記憶している――には、町に一軒しかないパン屋でバースデーケーキを買い込み、小さな従兄弟たちを全員招いて、その前でろうそくを吹き消す。若い両親はこうして祝ったほうが格好はいいと思っているようだ。

吹きつのる現金経済の嵐

洗濯機やバースデーケーキにもまして、村人が値踏みしているのが自分たちの農地だ。田舎の貧しい農家が一夜にして豊かな地主になったのは、ルグ湖周辺にホテルやレストラン、行楽地を整備する都会の投資家に土地の一部を貸したからである。地元の人間のなかでも抜け目のない者は買い手にまわり、田畑を売っていますぐ現金をほしがっている者からせっせと土地を買い取っていった。

以前にはなかったお金の余裕と時間の余裕ができ、貧しい農夫はいまや賃貸人としてこの世の春を楽しむことに余念がない。狩りは最新のモダンな娯楽にとってかわられた。モソの人たちは宴会に浮かれて酒をあおり、ギャンブルに耽って薬物にまで手を出している。私の友人の多くもいまでは麻雀かトランプゲームに興じ、時間とお金を無駄に使っている。アヘンやヘロインといった中毒性が高い薬物に手を出した知り合いの若者は一人や二人ではない。そのうちの何人かは薬物の密売で刑務所に送られてしまった。

現金経済の容赦ない攻撃にさらされ、あっという間に変わったのは観光客がたくさん集まる湖畔周辺に住む人たちの生活だ。とりわけ顕著にうかがえるのが、ルグ湖で一番の景観に恵まれたリゲの集落で、湖畔に点在する多くの小村のなかでももっとも多い観光客を収容している。かつては貧しさを極めた集落で、土地はやせているので十分な穀物が育たず、トウモロコシやジャガイモなどを植えてかろうじて命をつないでいた。しかし今日、湖畔の元農地には二十以上ものレストランやホテルが建っている。

金のなる木に咲いたさまざまな仕事に地元の若者が押し寄せている。仕事といえばそれまで、土を耕すだけしか選択の余地がなかったが、そんな彼らも現在では運転手、ホテルやレストランの従業員、あるいは軽食堂やバーベキューの屋台をみずから経営するなど、観光業に関連する仕事にかかわるようになっている。私がここで暮らすようになってまだ日は浅いが、彼らのポケットはその間に三倍の給料で膨らんだ。

手っ取り早く現金を稼ごうとする若者の数は増えているが、かえすがえす悔やまれるのは義理の息子ノーンブもこうした若者の仲間入りをしようと決心したことである。はじめて会ったかわいくて、女性に優しかった少年はきかん気な十六歳の若者に成長し、みずからを頼むあまり人の意見には耳を貸さないまま、思いつきで中学校を退学すると決めてしまった。

両親と私が考えなおすように説得しても、寝耳に水の爆弾発言のあとでは、とりつく島もなかった。

「自分の将来を考えれば、学校はどうしても卒業しなければならないのよ」と私は諭した。

「学校には金輪際行く気はないです」と本人は譲らない。

「それでどうするつもりなの」

「ジュアシのところでウェイターとして働くつもりです。そのあとはバーベキューの屋台を自分でやるか、そうでなければ軍隊に入ります」

本当にがっくりきた。しかしあとになって考えてみれば、ノーンブには生きるうえで手本となる人間がほとんどいなかった事実は認めてやらなくてはならない。本人が選べるのは父親と同じように木こりになるか、それとも二人の従兄弟のように、学校を早々に中退するかしかなかった。従兄弟のうち一人はリゲでウェイターとして働き、もう一人は副料理長として働いている。思春期の目からすればこれがノーンブの世界なのだ。急速に発展を遂げつつあるこの地域で、若者が直面する時代の兆しであり、風潮の前触れなのである。

リゲの村で起きたことは、新時代の生活がモソの古いコミュニティー精神をいかに侵食し始めているのかを示す格好の見本だろう。地域のリーダーも地元の行事に進んで手を貸そうとする村民が数を減らしつつあることに気を揉むあまり、モソ人にはあまりにも似つかわしくない手段を講じて古くからの生活流儀を尊重するよう訴え続けた。行事に不参加の家には重い罰金を科し続けている。いまではリゲの村人も地元の行事には姿を見せるようになったが、それは義務に駆られただけではなく、恥じ入っているからでもある。ちょっと前に参列した葬儀では四十人を超える友人や知人らが忙しく立ち働いていた。女性たちは弔問に訪れた大勢の人たちのために料理を用意したり、料理を運んだりして、男たちも後始末を手伝った。どうやら悪影響は食い止められたようだが、それは当面のことにすぎない。

勢いに乗る現代の中国経済の猛攻は、農地としてはモソの奥深くに位置するグミの村にまで達した。トウモロコシと米を作っていた場所で、商業用のキノコ栽培を本格的に始めた者が現れたのだ。キノコ栽培を経営する会社は、小区画の農地を近郊でたくさん借り受けている。こうした農家は自給自足の農業をやめ、その代わり現金収入を望んでいる。

私が社会的企業を始めたのは、こうした流れをなんとか変えるためで、バジュの村人に対し、美味なうえに栄養価にも優れた高地産の赤米をここで栽培し続けるように励ました。アイデアそのものは難しいものではない。

まず、特別に生産された赤米を十分な量で私が買い取る。その際の購入価格は、適正な報酬を保証する公正取引《フェアトレード》に基づいたプレミアム価格だ。この米を高級健康食材として高額に設定した小売価格で販売していく。農家に払われるプレミアム価格は、地元の人が従来通りの稲作を続けていくことにひと役買うだろうし、計上した収益は地元コミュニティーによる有望な事業の基金として再投資することも可能だ。

これまた運のいいことに、大学時代の級友ベンに再会するという幸運にも恵まれた。ベンは大学卒業後、中国の食品業界で働いている。本人はカナダのマギル大学で農業科学を専攻した。私はなに気ない調子で自分が考える事業案のいきさつを彼に話した。

「女人国の小さな農村で作る高地産の赤米をどう売ればいいか、何かいい知恵はないかしら」。思い切って尋ねてみた。

「なんだって、いいアイデアじゃないか。とくに公益を目的にしているのがいい」と相手はすっかり乗り気だった。「知っての通り、僕は食品と飲料の会社を経営している。北京の伝手《つて》を紹介できるから、君が集めただけの米を販売することができるよ」

これで話がまとまり、私の社会的企業がスタートする運びとなって、現在、事業を開始してから二年目を迎えた。しかし、伝統的な生活が徐々に侵食されていくのを食い止めるうえで、バジュの村人が伝統的な米栽培を維持することはどう見ても小さな一歩にすぎない。モソのコミュニティーの将来にはさらに大きな危機が頭をもたげている。

女たちの砦を支える柱

真っ先に守るべきゲムの祭りの存続に対する関心が失われた一件を忘れてはならないし、走婚という《ほかには見られないしきたりさえ存亡の危機に置かれている。今日ではますます多くの若者が〝走《セイ》婚《セイ》〟の伝統に背を向けるようになった。この件について確かめようと、シアオメイを相手に彼女のこれから先の人生設計について尋ねてみた。シアオメイはジズゥオの末娘で大学を卒業した屈託のない女性だ。

「ボーイフレンドはいるの」

「いいえ、まだですよ」

「セイセイか、それとも結婚のどっちにするつもり」

「ほぼまちがいなく結婚のほうを選ぶと思います。家庭を始めるなら、走婚はふさわしい方法とは思いません。いずれにしても、モソの人と結婚はしないつもりです。いつも違うアシアとつき合っているから、モソの男性は感心しませんよ」

この話からうかがえるのは要するに、現在、モソの若者に意識の変化が生じているということなのだ。彼らは十二分な教育を受け、現代中国の核家族制とそれにともなう家父長制の価値をあますところなく受け入れている。

最近、モソの若いカップルから結婚式の招待状を受け取った。セイセイでつき合い出した二人で、交際期間はあまり長くはない。彼がはじめて彼女の実家に挨拶するという日、二人を車に乗せ、遠く離れた彼女の家に連れていったことがある。十八歳の少女が、母方の家族全員に自分のアシアを紹介するのだからロマンチックな話だ。しかし、結婚する予定だと二人が教えてくれたとき私はびっくりした。

「二人ともモソの人間なのに、どうして結婚するの」。失礼極まりないはずの質問を私は口にしてしまった。

「こっちのほうがはるかにいいじゃないですか」と若い男は答えた。

「ちかごろは結婚したほうがずっとうまくいくんです」と若い女も声を張り上げてうなずいていた。

ここ数年、私が結婚式に参加したモソのカップルはこの二人だけではないし、しかも出席するたびに式はますます豪勢になっていた。なかには婚姻届けは出さずに、内縁関係にとどめるカップルもいたが、すべて法的な手続きに準じて結婚するカップルのほうが多く、役所の窓口で正式な婚姻届に署名する。

結婚した夫妻はかならずと言っていいほど母系に連なるそれぞれの家を出ると、一夫一婦の家庭を新たに築いて、夫婦として子供を育ててあげる。子供には中国の習慣に倣い、父親のことは「爸爸《パパ》」(パパ)と呼ぶように教える。この子供は「アブ」という古いモソ語、つまり親子関係がさらに希薄な父親を意味する言葉を使わないまま成長する。

しかし、セイセイ社会に背中を向ける者にしても、染みついた習慣はなかなかしぶといものである。私の知人で若くてやり手のアシア気質のプレーボーイは、短い二度の結婚生活を経て、三度目の結婚を最近した。一度目の結婚で本人は、一夫一婦制が求めるものが自分にはあまり適さないことに気がついたにちがいない。ライフスタイルをかつてのアシアに戻したが、これを発見した最初の妻はただちに離婚を要求、民事裁判所からは高額な慰謝料の支払いを命じられた。

それで懲りるようなタイプではないので、二度目の結婚に踏み切った。しかし、昔の習慣を捨てることはできるものではなく、二度目の妻も同じように高額な慰謝料を要求する。今度で三度目、現代では当たり前の貞節を守って暮らそうと努めているが、貞節は以前のセイセイの関係では決して求められなかったものである。おそらく彼も最後には、中国のよき夫の型にはまっていくのだろう。

このような変化の時代では、父祖たちにはおなじみだった伝統的な役割について、モソの男性はますます見直しを図ることが求められている。中国の男性として新しい規範に従おうとするなら、これまでのような気ままな生き方はやめ、妻には夫として、子供には父親としての責任ある行動をとらなくてはならなくなるだろう。

モソの女性も女性で課題を負っており、中国のよき婦人であるために、負わなければならない規範に従って生活していかなければならない。私とごく親しいモソの友人は、自分の姪が二人のアシアとつき合っている話を聞き、その件で姪を叱ったという話を聞かせてくれた。

「姪にはね、馬鹿な真似はよしなさいと怒った。出会った男とすぐに寝る娘だなんて噂が立とうものなら、誰も結婚なんてしてくれるものじゃない」

自身も走婚を送ってきた中年のモソの女性の口から聞かされたこの話は、いくつもの点で驚きだった。彼女はためらうことなくセイセイという慣習を否定し、モソ人の発想とはまったく相容れない中国の家父長制という価値体系を掛け値なしで認めていたのだ。

さらに差し迫りつつあるのは、時間とともに母系家族が崩れ去っていく可能性だ。これまで繰り返されてきた母系家族においては、農場の軽作業あるいは採集や狩猟などに携わる働き手がたくさんいたので、生産単位としても三世代からなる大規模な母系家族は効率的な構成だった。もちろん、共同作業の成果は家族全員で等しく分配されてきた。しかし、新しい仕事は収入の違いをもたらし、その結果、生産性にまさる家族のメンバーは、稼ぎが劣るほかの家族と収入を等分することをひどく嫌うようになっている。家族の土地は子供の数に応じて分割され、権利として子供たちに分けあたえられることが好まれるようになっている。

現金経済が突きつけた新たな現実で、モソ人の家庭の多くが姿を変えていったように、あのアハ家でも祖母の死後、娘たちが別々の家の家長になって一家の分裂が進行している。私が大好きだったアハ家の母系家族は時いたれば消えてなくなってしまう。

伝統を尊ぶ者の見方に立てば、旧来の様式は断末魔に苦しみ、死に向かってゆっくりとではあるが、やむことなく進んでいるのは明らかだ。モソ人が分岐点に立っているのが私にははっきりとわかる。それぞれの若者が踏みならされた母系の道をこのままたどっていくのか、それとも新奇で胸は躍るものの、父方を重んじる別の道へと旅立っていくのか。多くの若者が道をそれていき、古くからの価値観は消え去ろうとしている。現在では、先祖代々の価値観に忠実に生きている正真正銘の母系家族と出会うには、周囲から遠く離れ、孤絶した奥地の集落まで出向かなければならない。

女たちの王国が絶滅の危機に瀕しているのかどうか、現時点では不明のままだ。こうした変化の時代において、モソ人がどれだけ持ちこたえられるのか、そんなことは誰も予言できるものではないだろう。しかし、モソ人の母系原理の核となる信念は何があっても生き残っていくと考えることで、むしろ私は慰めを覚えている。古くからの衣装、誕生日や結婚、核家族や離婚など、この種の問題はあまり重要ではないとモソ人も妥協するかもしれない。だが、彼女たちの母系の血筋だけは決して消え去ることなく、最後まで持ちこたえていくと私はあえて考えるようにしている。

現代のような時代では、もっと長い年月を経た慣習さえ廃れていくのはまちがいないだろうし、私が出会い、敬愛を寄せるモソ人の宇宙もいずれは過去のものになっていくのだろう。このような移り変わりの時期に、モソの宇宙に出会えたことを私は心から感謝している。

謝辞

最初に私のいちばんの親友イボンヌ・ジェフリーズにお礼を申し上げたい。ルグ湖の家を最後に訪れてくれたとき、母系社会に生きるモソ人との体験をぜひ書くように勧めてくれたのがイボンヌだった。彼女が封筒の裏にリストアップしてくれた十二のテーマは、本書の各章題のベースになっている。また、執筆へとかき立ててくれたばかりか、ロンドンに避難所を提供してくれたのも彼女で、申し分ないほど快適で温かい環境のもとで原稿を書き上げることができた。イボンヌには生涯にわたる感謝を捧げたい。

執筆中ずっと励まし続けてくれたのが、大親友の故マーガレット・アレンだ。彼女自身作家として十冊以上の本を上梓している。書き上げた原稿の最初の読者として、批評眼を駆使して読んでくれたのがマーガレットで、彼女のかけがえのない指摘がなければ、本書はもっと貧弱なものになっていたはずだ。できることなら、本書の刊行を彼女にひと目見てもらいたかった。

本書にいちばんふさわしく、興味をそそりそうなタイトルは何かと苦戦していたとき、勝利の方程式を考えてくれたのが、メディア・コンサルタントの朱重華である。彼にも心からのお礼を申し上げたい。

担当編集者であるタチアナ・ワイルドの鋭い指摘にも助けられた。たくさんの思い込みや早合点を指摘してもらえたことで、内容を深めていく道へと向かうことができた。彼女の道案内と知性のおかげで、本書にますます磨きをかけることができた。

この本に掲載されている写真は、アマチュア写真家やプロの写真家によって撮影された何百点もの写真の一部だ。まず私の兄弟である曹利国、友人の蔣介儒とトム・ジェフリーズ、またプロのカメラマンとしてオージン・リュウに撮影していただいた。ネイサン・チアには急なお願いにもかかわらず、ルグ湖周辺の地図を描いてもらった。

中国に住む二人の友人にも感謝の意を伝えたい。ベン・モクには私の赤米プロジェクトという社会的企業に惜しみない支援を提供してもらえた。また、ヒューストン・ウーには中国文化に対する鋭い知見を負っている。

最後になるが、ご自宅やご家庭に私を温かく迎い入れ、ユニークな世界を分かちあたえてくれたモソの友人のみなさんに心からのお礼を申し上げる。とくにグミと私の義理の子供であるラーヅとノーンブには感謝したい。モソでは三人とも私の家族だ。また、エーチュマ、ジュアシ、ジズゥオ、ドゥオジエ、亡くなられたアハ家の祖母、ジュバ・ジュアシュらとは親密な友情を育めたことにお礼を申し上げる。それから、あまりに多すぎてお名前を記すことができない大勢のモソの友人にも改めて感謝の意を捧げたい。

本書に登場する人物名・地名・用語

ジュアシ（扎西）　グミの六番目の兄で月亮湖のほとりに建つ著者の自宅を建設した。

ジズゥオ（給汝）　グミの五番目の兄で著者の友人。

エーチャー（爾車）　ジズゥオのうえの娘で著者のいちばん新しい義理娘の産みの親。

シアオメイ（小梅）　ジズゥオの末娘で、グミの一族のなかではじめて大学を卒業した。

エーチュマ（爾車瑪）　著者のごく親しい友人。

シアオ・ウジーン（小五斤）　エーチュマとジュアシの娘で競泳選手として嘱望されている。

シアオ・ジュアシ（小扎西）　エーチュマとジュアシの息子で〝小さなジュアシ〟。

ラーヅ（拉都）　著者の義理娘になったモソ人の少女。

ノーンブ（農布）　著者の義理息子。

ドゥオジエ（多吉）　チベット仏教のラマ僧で著者の友人。

エーチャー・ズオマ（爾車卓瑪）　永寧の活仏が授けてくれた著者のモソ名。

マチャン・アー・ホン（馬場阿虹）　著者のニックネームで、「馬場に住むアー・ホン」という意味。

＊

モソ（摩梭） ルグ湖周辺で暮らす部族の名称で、この部族は代々母系を重んじ、チベット・ビルマ語派に属している。

ナ（納） モソ人のそもそもの部族名を意味するモソ語。

女人国 家母長制のモソ人が暮らすルグ湖周辺の村落に授けられた呼称で、中国語では「女児国」としても知られている女たちの王国。

ルグ（濾沽）湖 雲南省と四川省にかけて広がる湖。

シェナミ（謝納咪） ルグ湖を意味するモソ語。

月亮湖 モソにある著者の自宅近くにそびえる格姆女神山の麓にある小さな湖。

ゲム（格姆） 山の女神でモソ人の守護神。

転山節 陰暦七番目の月二十五日に催される格姆女神山を祝う祭り。中国語で山を巡回して歩くことを意味している。

アー・シャン（啊上） 山の男神。

プナ（普納） 山の男神。


ア・マ（阿媽） モソ語で「母親」。

アブ（阿吾） モソ語で「父親」。

アムウ（阿木） モソ語で「姉」もしくは「兄」。

＊

グミ（沽咪）　モソ語で「妹」。
ギジ（給茲）　モソ語で「弟」。

＊

アシア（阿夏）　モソ語で「愛人」。性別は問わない。
セイセイ（瑟瑟）　モソ人が営む性愛生活を意味するモソ語。アシアの家に男性が〝走婚〟あるいは〝訪い《おとな》〟して夜をともに過ごし、夜明けとともに自分の家に帰っていく。
走婚　モソの男性による習わしで、恋人のもとを訪れて朝になったら実家に帰る。
訪妻婚　走婚と同じ。
ナナ・セイセイ　モソ語。走婚の慣習において、女性と男性の関係が人目をはばかり、秘密にされている状態。
グォピエ・セイセイ　モソ語。走婚の慣習において、女性と男性の関係がオープンになり、人目をはばかる必要がなくなった状態。
チ・ヂイ・ジ・マオ・ティ　走婚の慣習において、女性と男性が同居する関係を意味するモソ語。
ジ・ティ・チ・ヂイ　走婚の慣習において、女性と男性がいずれかの実家に養子縁組のうえ同居する関係を意味するモソ語。

＊

ガンマ（乾媽） 中国語で義理の母。
ジアチュオ（甲搓） 篝火踊り。篝火を囲んで踊るモソの円舞。
チュウオドゥオ モソ語で囲炉裏の前に置かれた石の祭壇のこと。母系の先祖に供物を捧げる場所。
クワンタン（咣当） 自家で醸して造った酒のことで、飲みすぎてしまうと文字通り咣当《ガタン》と昏倒する。
馬帮 中国語で馬の口取りで馬丁ともいう。
リー・チャー（日査） モソ語で「乾杯」や「飲み干せ」を意味する。
ソーン・ローン 松に自生するキノコ。松茸としても知られる。
畝 中国における土地の面積単位。

＊

雲南省 中国南西部にある省。
昆明市 雲南省の省都。
保山市 雲南省にある地方都市。
大理市 雲南省にある観光地。
永寧 ルグ湖周辺の主要な町で、母系社会を営むモソ人にとっては中心地に当たる。
リゲ（里格） ルグ湖湖畔にある集落で観光地として知られる。
バジュ（八珠） 著者の義理の子供たちが住んでいる集落。
ルゥオシュイ（洛水） ルグ湖湖畔にある大きな村。

金沙江　揚子江の上流部を意味する中国語。

＊

ダバ（達巴）　モソ人の伝統的多神教を司る男性シャーマン。

ラマ僧（喇嘛）　チベット仏教の僧侶。

ゲルク派（格魯派）　チベット仏教の黄帽派。

サキャ派（薩迦派）　チベット仏教の赤帽派。

ハダック（哈達）　チベット仏教の僧侶が祈りの証として信者に授ける長いスカーフ。白、黄、赤などの色がある。

扎美寺　永寧にある黄帽派のチベット寺院。

＊

漢人・漢民族　中国で大多数を占める民族集団。漢という文字は漢王朝（紀元前二〇六～二二〇）に由来し、中国の主流民族や主流文化を表すものとして使われてきた。
RMB　中国の通貨で人民元、「元」としても知られる。
元　中国の通貨単位。人民元（RMB）のこと。

訳者あとがき

中国の正史には女人国に関する記述が散見されるという。いわゆる二十四史の『北史』『隋書』には「女国《じょこく》」、同じく『旧唐書』『新唐書』には「東女国《とうじょこく》」という文字が記されている。もちろん古い話なので史実かどうかは確かではないが、東女国のほうは実在したという説がある。現在の四川省チベット自治区東部の丹巴《たんは》県の一帯、ここではかつて女性を中心にした社会が営まれ、隋や唐とも良好な関係を結んでいた国が存在していたというのだ。

女人国といえば『西遊記』。一大伝奇小説には女性だけの国は格好のモチーフだろう。天竺へと取経の旅を続ける一行、ある国にさしかかった折、国境を流れる小川の水を三蔵法師と八戒は口にした。しばらくすると腹が痛い痛いと言って苦しむ二人。実は二人とも男の身ながら子供を宿してしまったのだ。子母河《しぼが》というこの小川が流れる国が西梁女人国《せいりょうにょにんこく》だった。女ばかりの国で男は一人もいない。その後、王城に向かった三蔵は女難に見舞われてほうほうの体で逃げ出すが、三蔵法師と八戒が妊娠するくだりは子供向けの『西遊記』でもおなじみなので記憶されている方も少なくないだろう。西梁女人国では女は二十歳を過ぎると子母河の水を飲み、腹が痛くなったらめでたく子供を宿した証《あかし》となる。

『大唐西域記』は実在の三蔵法師が帰国後に書いた見聞録で、そのなかでスリランカの建国伝説として女だけの羅刹《らせつ》（人食いの魔物）の国が記されている。本朝でもこの話は『今昔物語』や『宇治拾遺物語』に伝わり、女護島《にょごがしま》伝説に結びついていった。井原西鶴の『好色一代男』で主人公世之介が最後に船出していった目的地が女護島である。

本書もまた「女人国」にまつわる物語であり、この国に住まうモソ人との交流と交感の記録である。中国の南西、雲南省と四川省が接する山あいのさらにその奥、女神山の麓で空の青さと同じ色をたたえるルグ湖のほとりにこの〝国〟は潜んでいる。人口は約四万人。もちろん女性だけの国ではないが、家父長制が当たり前の中国で古くから母系社会が維持されてきた。〝走婚《そうこん》〟と呼ばれるいわゆる〝妻《つま》問婚《どいこん》〟が行われ、男は女のもとに通い、生まれた子供は母親の一族が育てる。子供は母親のもの。結婚がない国には妻や夫がおらず、したがって父親がそもそも存在しない。家政の権力は代々女たちに授けられてきた。

原書の題名は *The Kingdom of Women :Life, Love and Death in China's Hidden Mountains* という。一九九〇年代から、中国の当局はかの地の風光明媚な景観とともに、モソ人の「母系家族」と「走婚」をパッケージにすると、少数民族の文化と居住地一帯を観光資源として売り込んできた。The Kingdom of Women、すなわち中国語で「女児国」と記す「女人国」は観光客を招く際、幻想（あるいは妄想）を用いられてきたキャッチフレーズである。この結果、観光産業がいちやく盛んになり、現金経済が幅をきかせていく。かつては農業や漁業を生業にした自給自足の国でも、一夫一婦制や他民族との通婚が現れるようになった。

原書は二〇一七年五月、イギリスの出版社I.B. Tauris & Co. Ltdから刊行された。著者の曹惠虹には初の著作である。ライターとしては遅咲きだが、本書のプレリュードにもあるように曹はファンドを専門とする元企業弁護士で、カナダ、アメリカ、ロンドンでキャリアを重ねると、シンガポール最大の法律事務所の共同経営者《パートナー》の一人となる。時差を縫うように働く国際的に活躍したやり手で、なみなみならぬ成功に恵まれた弁護士だったことは本書からもうかがえるだろう。

だが、法曹と金融、ともに勝ち負けが明白な競争原理と男性原理が掛け値なしに支配する世界だ。男には負けまいとしのぎを削る毎日、多忙に追われて出社したある日曜日の午後、窓越しにシンガポール川に沈む夕日を目にしたそのとき、「なぜ」という問いがふいに頭をもたげる。日々を支える枠組みが突然なし崩しとなり、生きる意味を問われる瞬間に著者は前触れもなく見舞われた。燃え尽き症候群なのか、それとも実存を脅かすような不安にかられたのか。逢魔時《おうまがとき》の落とし穴はどうやら日本だけではないらしい。著者はこれを天啓として受け入れると早期リタイアを決める。そして、自分のルーツである中国を旅している途上、モソ人の存在を偶然知ったことから女人国の冒険が始まった。

本書『女たちの王国』の興味が向かう先は、結婚のない「走婚」というモソ人ならではの恋愛作法であり、性愛の習慣だ。そして、父系原理とは真逆に、女たちが家長として支配する絶大な権力構造と父親のいない世界である。一夫一妻多妾が当たり前の家庭で育った著者は、「鏡の裏側にまわり、世界をのぞき見るよう」にして自分の常識が反転する世界におそるおそる足を踏み入れていく。時にはモソの女性といっしょに哄笑の声を響かせ、またある時には友人の背後から、息を殺して迷宮にも似た複雑な母系の血筋をつぶさにたどり、自分の発見に驚きの歓声をひそかにあげる。

好奇心とさすが弁護士と思わせる機知はもちろん、土地の人とすぐに友人になり、大勢の人から慕われている点から、温かくてきっぷのいい著者の人柄がうかがえる。民族学の優れたフィールドノートを読んだ気分になるのは、観察者である著者のこうした性格に負っているからなのだろう。大部の本ではないが多くのテーマが随所にくみとれる。母親と娘たち、家族の紐帯、自由な性愛と婚姻、老人と子供、家族の役割と労働分担、財産と相続、相互扶助と共有財産、そして宗教観と死生観などである。そもそも結婚がないので嫁姑のいさかいがなければ離婚もない。「女の敵は女」というあの抜き差しならない不文律とも無縁の世界のようである。結婚のない世界、男がいばっていない世界は争いのない世界だとつくづく思えてくる。

そして二十一世紀、世界のほかの国々と同じようにモソ人も急速な変化の渦中にあるのは最終章に書かれている通りだ。松茸を介してモソ人は日本の築地とも結びついていた。文字は読めなくてもスマートフォンを巧みに操る人たち。いずれも世界をフラットにしようとしてやまないグローバリゼーションの牽引力だ。ツーリズムを通じて著者はこの地にいたったが、同じようにその道をたどって現金経済も押し寄せてくる。いまでは八割の若者がこの道を逆にたどり、憧れの大都市に向かって土地をあとにしているという。近代化を図る学校教育を通じてもたらされる異文化との接触、二〇一二年にはこの王国に一五〇万人の観光客が訪れ、翌年にはルグ湖飛行場も開港した。

英紙「ガーディアン」は原書が刊行されるとさっそく記事としてとりあげている。著者もインタビューに応じているので、記事のコメントを踏まえながら話を続けよう。

「モソの女性は本質的にはみんな〝独身〟ですが、それでも私がいささか浮いて見られるのは、土地の人間ではないし、家族とではなく一人で暮らしているからなのでしょう。だから、ひっきりなしに夕食には誘ってくれるし、モソでいい男を見つけなさいよとよくけしかけられています」

母親であることが尊ばれ、母親になるのが若い娘にとっては人生の目的だ。

「若い娘には排卵日について何度もアドバイスしなくてはなりませんでした」。ただし、女の王国の性教育は避妊が目的ではない。どうやったら確実に妊娠できるのか、受胎教育に重きが置かれている。「母親になってはじめて一人前の女だと認めてもらえるからです」。著者自身には子供がいないので、自分が同情されていると感じるものの、「みんな礼儀をわきまえているので、それを口に出したりする人はいません」

では、子供はほしくないと女性が望んだ場合はどうなのだろう。

「そもそもモソの人たちにはそんな選択がないのです。こうした問いを立てることが、西洋の眼や西洋の流儀でモソ人を考えることにほかなりません。質問自体が的を射たものではないのです」

のちに著者の義理娘となる少女で、女たちの王国の内陣へといたる鍵を差し出したのがラーヅだった。著者は義理の母としてダンスの夢をラーヅに託し、進学に失敗すると職業訓練学校の入学のために血相を変えて奔走した。転山節ではじめて会った十四歳の娘は、ガーディアンの記事が掲載された時点ですでに二十二歳になっていた。そして、その年の二月にラーヅは男の子を産み、すでに母親としての日々を暮らしている。モソの若い娘たちには珍しくないこの土地ならではの生活だが、もう少し違う生き方もできるのではないかと著者は願った。「私からすればやはりもったいない」。しかし、事態が変化しているのはすでに触れた通りである。若い住民にはモソの社会はやはり旧態依然として感じられるのだ。ラーヅもまた変わりつつある開拓世代の一人であり、結婚した相手は漢民族の男性で、家を出て夫と息子の三人でルグ湖の近くで暮らしている。

　変わりゆくモソ人の社会について、ラーヅの伯父にして著者の家の建設業者、そして〝走婚王子〟として名高いジュアシは、自分たちの文化はあと三十年のうちに消えてなくなっていると口にするという。著者にも文化というものが一定不変でないことはよくわかっているし、絶えず変容を遂げていくのは女たちの王国だけというわけではない。しかし、それでもこの王国が生きながらえるのではと考えるのは、ひとえに核となる母性原理に向けられた信念に負っている。文化とは制度とか様式ではなく、核となる価値観しだいなのだろう。もちろん、最終的にどのような価値観が選ばれていくのか、それは王国の住民たちが決めることであり、文化財や行事をやみくもに保護することではない。

「異なる家族構成を知った若いモソ人の眼には、伝統的な家族構成は刺激に乏しいと映るのでしょう。しかし、いまから二千年前、母系家族という最新の流行をそもそも作ったのが彼らです。どれだけすばらしいものを持っているのか、自分たちでもよくわかってはいないのです」

　余命でも延命でもないリアルタイムで進む伝統文化のゆくえ。その来し方と行く末に思いを馳せることができるのも本書の読みどころのひとつと言っていいだろう。

民族識別工作で認定された中国の少数民族の数は五十五。だが、この国には未識別・未確定のエスニック集団がいまも数多く存在する。そうした理由からモソの人たちも「モソ族」ではなく「モソ人」と呼ばれているという。その存在が一躍世界中に知られるようになったのは、二〇〇四年、ヤン・アーシュ・ナムがクリスティーン・マシューとともに書いた『「女たちの国」のナム：神秘の湖《マザーレイク》から世界へ羽ばたいた少女』（早野依子訳・PHP研究所）が世界的なベストセラーになったのがきっかけである。ルグ湖畔の村で生まれたナムは、歌のコンテストに参加して北京で才能を見出されると、さらに大きな夢を追うため家を飛び出して上海音楽院に入学する。この本はそれまでを描いた回想録である。

モソ人についてさらに知りたいという方にお勧めしたいのは、神奈川県立保健福祉大学の金龍哲教授が書かれた『東方女人国の教育：モソ人の母系社会における伝統文化の行方』（大学教育出版）と『結婚のない国を歩く：中国西南のモソ人の母系社会』（同）の二冊。いずれも体裁は学術書だが、おもしろさは圧倒的である。モソ人について興味を覚えた方にはご一読される価値は十分にあるだろう。金教授は二〇〇四年から二〇〇九年にかけて九回の調査をルグ湖の周辺の村々で実施されている。学術書のつねとして書籍は入手困難とはいえ、いずれも電子版を利用できるのがありがたい。本書の訳出に際しても参考にさせていただいた。

最後に草思社取締役編集部長の藤田博氏にお礼を申し上げる。英文の漢字表記、中国語によるモソ語表記について確認の労をとっていただいた。その際、著者から自身の氏名の表記についてはカナではなく漢字でと求められた。本書ではこれに応じて曹恵虹とした。発音については英語表記に従い「チュウ・ワァイホン」とカナに起こしている。

ところで、身ごもった三蔵法師である。

すっかり狼狽したあげく、堕胎薬がどうしても欲しいと口走る始末だった。仏に仕える身としてはなんとも罰当たりな了見だが、悟空は師の求めに応じて牛魔王の弟、如意真仙と戦って子供をおろす落胎泉の水を手に入れた。この水を飲んで三蔵と八戒はからくも窮地を脱する。

しかし、その場にもしモソの祖母がいたらどうなっていただろう。降り注ぐ水を浴びて腹に宿した命の重みを尊ぶのがモソの祖母たちである。三蔵法師が身ごもったことを呪うどころか、もろ手をあげて祝うように思えてしかたがない。

三蔵法師に向かい「たわけ者」と一喝する祖母の姿が目に浮かぶ。

二〇一七年十一月

訳　者

著者略歴――――
曹恵虹　チュウ・ワァイホン Choo WaiHong
世界有数のファンド企業弁護士としてシンガポールとカリフォルニアの法律事務所で活躍したのち2006年に早期リタイア。現在、シンガポール、ロンドンを拠点に、英字新聞チャイナ・デイリーなどに旅行記を掲載している。2017年刊行の本書は英紙ガーディアン、ザ・ストレーツ・タイムズなどに取り上げられた。モソ人との生活はすでに6年におよび、1年の半分を雲南省の湖畔に建つ自宅で過ごすかたわら、急速に進む中国化の波から地元の農業を守るため社会的企業を展開している。
訳者略歴――――
秋山勝　あきやま・まさる
立教大学卒業。出版社勤務を経て翻訳の仕事に。訳書に、ジャレド・ダイアモンド『若い読者のための第三のチンパンジー』、デヴィッド・マカルー『ライト兄弟』、バーバラ・キング『死を悼む動物たち』（以上、草思社）、ジェニファー・ウェルシュ『歴史の逆襲』、マーティン・フォード『テクノロジーが雇用の75%を奪う』（以上、朝日新聞出版）など。

女たちの王国

「結婚のない母系社会」中国秘境のモソ人と暮らす

2017年12月22日　第1刷発行

著　者　曹恵虹（チュウ・ワァイホン）
訳　者　秋山　勝
装幀者　間村俊一
発行者　藤田　博
発行所　株式会社 草思社
〒160-0022　東京都新宿区新宿1-10-1
電話　営業 03(4580)7676　編集 03(4580)7680

本文組版　株式会社 キャップス
本文印刷　株式会社 三陽社
付物印刷　株式会社 暁印刷
製本所　加藤製本 株式会社

ISBN978-4-7942-2316-6 Printed in Japan　検印省略

造本には十分注意しておりますが、万一、乱丁、落丁、印刷不良などがございましたら、ご面倒ですが、小社営業部宛にお送りください。送料小社負担にてお取替えさせていただきます。